W0059801

Argumentieren

Andreas Edmüller und Thomas Wilhelm

Haufe.

Inhalt

Vorwort

Wer schlüssig argumentieren möchte, benötigt zum einen korrekte und stichhaltige Argumente und zum anderen das Wissen und Können, um sie wirkungsvoll einzusetzen. Das Handwerkszeug dazu liefern wir Ihnen in diesem Buch. Unser Ziel ist es, Sie dabei zu unterstützen, Ihre argumentative und logische Kompetenz zu verbessern und zu professionalisieren.

Mit einer klaren Argumentation können Sie faire Überzeugungsarbeit leisten, die über den Moment hinaus Bestand hat. Doch nicht nur das: Die Fähigkeit zum überzeugenden Argumentieren führt auch dazu, Manipulationsversuche anderer durchschauen und entkräften zu können.

Argumentative Kompetenz klärt das eigene Denken und erhöht so unsere Selbstsicherheit. Klares Denken führt zu präziser Argumentation. Präzise Argumentation vermeidet Missverständnisse, spart Zeit und schont unsere Nerven. Sie ist Voraussetzung für eine sach- und problemorientierte Gesprächsatmosphäre, das Fundament für effiziente Problemlösungen und eine solide Basis für Glaubwürdigkeit und Vertrauen.

Und: Es macht Spaß, ein Argumentationsprofi zu werden! Die Freude am „Selberdenken", am fairen und logischen Kräftemessen – das ist es, was wir Ihnen vermitteln möchten.

Andreas Edmüller und Thomas Wilhelm

Warum logisches Argumentieren?

Ob wir selbst uns eine Meinung bilden oder andere überzeugen wollen, wir argumentieren sehr häufig – in Besprechungen und Diskussionen ebenso wie in der Alltagskommunikation.

In diesem Kapitel erfahren Sie,

- dass es sich lohnt, die argumentative Kompetenz zu trainieren, denn das schützt Sie vor Manipulation,

- dass langfristigen Erfolg erwarten kann, wer fair zu überzeugen versteht,

- wie wichtig die inhaltliche Qualität Ihres Arguments ist,

- inwiefern sich logisches Argumentieren positiv auf Sie selbst und Ihr Umfeld auswirkt.

Wie das logische Argument wirkt

Wenn wir andere Menschen von etwas überzeugen möchten, argumentieren wir. Wenn wir eine vernünftige Entscheidung für oder gegen eine Sache finden möchten, argumentieren wir. Wenn wir etwas erklären, argumentieren wir. Wenn wir eine Entscheidung begründen oder rechtfertigen, argumentieren wir. Kurz: wir argumentieren sehr oft – und vom Ergebnis unserer Argumentation kann für unser Unternehmen, unser Team oder für uns selbst sehr viel abhängen.

Es lohnt sich also, unsere argumentative und logische Kompetenz zu trainieren. Um dieses Ziel gemeinsam mit Ihnen zu erreichen, konzentrieren wir uns auf Fragen wie die folgenden:

- Was ist eigentlich ein Argument?
- Welche Bestandteile hat ein überzeugendes Argument?
- Wie überprüft man Argumente?
- Welche Argumenttypen gibt es?
- Welche Fehlschlussarten und Pseudoargumente gibt es?
- Wie erkennt und vermeidet man Fehlschlüsse?

Wir alle wissen, dass gute Argumentation alleine nicht immer zum Ziel führt. Manchmal entscheiden schlicht und einfach die Machtverhältnisse darüber, welche Meinung sich durchsetzt. Manchmal führen psychologische Tricks zum „Erfolg"; manchmal „gewinnt" nicht das beste Argument, sondern der geschickteste Manipulator. Warum also argumentative Kompetenz erwerben? Warum professionell und sachlich argumentieren?

Schutz gegen Manipulation

Die Antwort: Argumentative Kompetenz ist der beste Schutz gegen rhetorische Tricks oder psychologische Manipulationstechniken. Wer genau weiß, worauf es bei einem stichhaltigen Argument ankommt, erkennt sofort, wenn jemand unfaire Mittel einsetzt. Diese unfairen Mittel sollen ja in der Regel gerade vom Kern der Sache ablenken; sie sollen verdecken, dass ein Standpunkt auf sehr wackeligen Beinen steht, dass eigentlich kaum etwas für eine bestimmte Entscheidung spricht, oder dass eine Erklärung im Grunde keine ist. Ein Argumentationsprofi erkennt diese unfairen Tricks im Ansatz und kann sich elegant dagegen zur Wehr setzen.

Langfristiger Erfolg

Außerdem: wer andere Menschen fair und dauerhaft überzeugen möchte, der benötigt korrekte und stichhaltige Argumente. Überzeugungsarbeit ist nur dann integer, wenn die Gründe, die für oder gegen eine Sache sprechen, klar und deutlich dargestellt und gewichtet werden. Nur so können der oder die Gesprächspartner die Relevanz und die Tragweite der Gründe nachvollziehen und klar beurteilen. Und ein wohldurchdachtes, plausibles Urteil hat im Normalfall weit mehr Beständigkeit als ein durch manipulative Tricks erzeugtes. Manipulation, unfaire rhetorische und psychologische Tricks können zwar kurzfristig zum „Erfolg" führen, langfristig entscheidet aber in aller Regel doch die Qualität der Argumente.

Wie wir überzeugen können

Wir betrachten die Welt im Licht der Meinungen und Überzeugungen, die wir im Laufe unseres Lebens durch persönliche Erfahrungen und die Kommunikation mit anderen Menschen übernommen haben. Einige dieser Meinungen und Überzeugungen sind ziemlich fest verankert – zum Beispiel die Überzeugung, dass 2 + 2 = 4 ist oder dass sich die Erde um die Sonne dreht. Einige Meinungen sind nicht so stabil – zum Beispiel die Meinung, dass mein Nachbar heute nicht zu Hause ist oder dass die Arbeitslosigkeit im nächsten Jahr gesenkt werden kann.

Die Summe unserer Meinungen und Überzeugungen können wir unser Welt- und Menschenbild nennen. Unser Welt- und Menschenbild bestimmt stark unsere Entscheidungen und unser Handeln. Wenn ich glaube, dass die Aktien im asiatischen Markt steigen werden, kann diese Überzeugung ein guter Grund für mich sein, mich in diesem Markt zu engagieren. Wenn ich als Führungskraft glaube, dass Menschen nur dann Leistung zeigen, wenn man sie unter Druck setzt, dann werde ich entsprechend handeln. Wenn ich glaube, dass unsere Besprechungen sowieso nichts bringen, bleibe ich den Besprechungen möglicherweise fern – wenn nicht körperlich, dann zumindest mental.

Meinungswandel und Kommunikation

Unser Welt- und Menschenbild ist nicht fest und stabil. Es ist dynamisch und wandelt sich fortwährend. Eine wichtige

Ursache dafür ist die Kommunikation mit anderen Menschen, durch die wir beeinflusst werden. Das kann dazu führen, dass wir bestimmte Meinungen revidieren, vielleicht sogar aufgeben oder neue Ansichten akzeptieren. Ein großer Teil unserer Kommunikation zielt auf diesen Wandel von Meinungen und Überzeugungen. Das nennen wir dann „Überzeugen". Jemanden von etwas überzeugen heißt nämlich, dass er entweder eine bestimmte Meinung aufgibt, sie revidiert oder eine neue Meinung in sein Welt- und Menschenbild aufnimmt. Das wichtigste Instrument des Überzeugens ist das Argumentieren.

Durch Argumentieren andere Menschen zu überzeugen ist das zentrale Thema dieses Buches. Im Grunde überzeugt man mit Argumenten aber nicht nur andere, sondern man versucht auch, sich selbst zu überzeugen. Denken Sie nur daran, dass wir fortlaufend, solange wir denken, einen inneren Dialog führen: Wir argumentieren oft mit uns selbst, ob eine bestimmte Entscheidung richtig ist, ob wir eine bestimmte Meinung ändern oder einen Vorschlag akzeptieren sollten.

Überzeugend argumentieren

Argumentieren, um zu überzeugen, kann auf verschiedenen Ebenen betrachtet werden: der Inhaltsebene, der Strukturebene, der Formebene.

- Auf der Formebene überlegen wir, wie Argumente präsentiert werden können, so dass sie ihren Adressaten erreichen (rhetorische Mittel), oder welche Kommunikationsstrategie benutzt werden kann, um den Adressaten zu überzeugen (Fragetechniken, einfühlsames Zuhören).

- Auf der Strukturebene überlegen wir, wie die Argumentation strukturiert werden sollte, so dass der Adressat sie leichter nachvollziehen kann. Eine Möglichkeit ist beispielsweise das problemorientierte Argumentieren: Zuerst wird die Situation und Problemlage dargestellt, dann die eigentliche These als Lösung der Situation vorgestellt und schließlich begründet.

- Auf der Inhaltsebene überlegen wir, wie die inhaltliche Qualität der Argumente gesichert werden kann. Wir fragen uns: Wurden korrekte Argumentationsmuster benutzt? Wurden logische Fehler gemacht? Sind die genannten Gründe wirklich relevant? Wie ließe sich das Argument stärken?

In den meisten Veröffentlichungen zum Thema Argumentieren wird die Inhaltsebene völlig vernachlässigt. Sie aber ist enorm wichtig. Denn die inhaltliche Qualität der Argumente sichert langfristige Überzeugungskraft. Und genau um diese inhaltliche Qualität geht es in diesem Buch. Sie ist notwendige Voraussetzung für professionelles Argumentieren. Dieses Buch soll Sie zu einer tieferen Ebene des Argumentierens führen. Es will grundlegendes Handwerkszeug vermitteln, das Ihnen dabei helfen kann, die Stärken und Schwächen von Argumenten besser einzuschätzen, bewusster mit Sprache umzugehen, Schlussfolgerungen leichter zu erkennen, die Hauptlinien eines Arguments zu identifizieren, die Relevanz von Begründungen besser beurteilen zu können und konsequenter auf Argumentationstaktiken oder Argumentations-fehler zu reagieren.

Weil wir uns hauptsächlich mit der inhaltlichen Ebene des Argumentierens beschäftigen, sprechen wir in diesem Buch vom „logischen Argumentieren". Logisches Argumentieren zielt auf die inhaltliche Qualität der Argumente. Diese inhalt-liche Qualität ist die Basis für Glaubwürdigkeit und Überzeu-gungskraft. Logisches Argumentieren ist daher ein entschei-dender Bestandteil im „Qualitätsmanagement" des eigenen Denkens und der eigenen Kommunikation.

Was logische Kompetenz bringt

Was bringt es Ihnen, Ihre Kompetenz im logischen Argumen-tieren zu festigen? Hier unsere Antwort: Logisches Argumen-tieren fördert

- einen optimale Entscheidungsfindung,
- strategisches, kritisches und analytisches Denken,
- eine zielgerichtete und klare Kommunikation,
- Selbstsicherheit,
- eine positive Teamentwicklung.

Inwiefern logisches Argumentieren all dies unterstützt, wol-len wir Ihnen im Folgenden kurz begründen.

Logisches Argumentieren fördert eine optimale Entscheidungsfindung.

Eines ist gewiss: Die Situationen werden immer komplexer, die Dinge verändern sich immer schneller. Entscheidungen unter Unsicherheit sind die Regel. In vielen Fällen wissen wir nicht genau, welche Entscheidungen die besten sind. Wir tappen im Dunkeln. Logisches Argumentieren kann uns unterstützen, unsere Entscheidungen zu optimieren. Warum?

Weil durch logisches Argumentieren die Qualität von Begründungen und Schlussfolgerungen überprüft werden kann, und es somit fundiertes Entscheiden erst ermöglicht.

Logisches Argumentieren fördert strategisches, kritisches und analytisches Denken.

„Glaube nicht alles, was man dir sagt." Diese Allerweltsweisheit beschreibt einen wichtigen Aspekt des logischen Argumentierens. Sind wir nämlich im Argumentieren geschult, werden wir stärker darauf achten, wie Behauptungen und Meinungen begründet werden, welche Daten herangezogen werden, um Aussagen oder Thesen zu stützen. Logisches Argumentieren macht uns zu kritischen Denkern: Wir achten stärker darauf, was wir hören und lesen, nehmen nicht jede Äußerung für bare Münze, wir überprüfen, ob Informationen korrekt sind, wir untersuchen, welche Beweise geliefert werden.

Als kritische Denker erkennen wir auch, wann uns echte Gründe genannt werden und wann wir durch bloße Taktiken dazu gebracht werden sollen, eine Meinung zu akzeptieren. Logisches Argumentieren schult uns also im Denken. Warum?

Weil durch logisches Argumentieren Begründungszusammenhänge hergestellt werden können, die komplexe Situationen durchleuchten helfen und somit ein klares, präzises Denken unterstützen. Dadurch werden unsere eigenen Argumentationen klarer und überzeugender.

Logisches Argumentieren fördert eine zielgerichtete und klare Kommunikation.

Oft werden wir in unseren Seminaren gefragt: „Wie gelingt es mir, meinen Standpunkt auf faire Weise besser durchzusetzen?" Im Grunde gibt es nur eine Antwort auf diese Frage: Es gelingt Ihnen, wenn Sie Ihre Meinung präzise formulieren und klar begründen. Dadurch werden Sie es schaffen, mit Ihrem Gesprächspartner einen ziel- und sachorientierten Dialog zu führen. Logisches Argumentieren fördert also eine klare Kommunikation. Warum?

Weil die eigenen Standpunkte präziser formuliert und besser begründet werden. Die Kommunikation wird dadurch transparenter und weckt leichter Verständnis beim Gesprächspartner.

Logisches Argumentieren fördert Selbstsicherheit.

Selbstsicherheit im Auftreten unterstützt Überzeugungskraft. Aber wie gewinnt man Selbstsicherheit? Muss man dazu erst ein spezielles psychologisches Training durchlaufen? Vielleicht über glühende Kohlen oder Glasscherben gehen?

Wir werden Ihnen in diesem Buch keine Tipps zum Thema „Selbstsicherheit" geben, aber Kompetenz im logischen Argumentieren hat den psychologischen Effekt, die eigene Selbstsicherheit zu steigern. Warum?

Weil man die Stärken des eigenen Standpunkts genau kennt, die Schwächen in fremden Argumentationen schnell identifizieren kann und richtig darauf zu reagieren weiß. Kurz: Man ist für eine Fülle kniffliger Situationen gut gerüstet und sieht ihnen entsprechend ruhig und sicher ins Auge.

Logisches Argumentieren fördert die Teamentwicklung.

Gut funktionierende Teams sind die Keimzellen für Effizienz, Innovation und Veränderung in Organisationen und Unternehmen. Um gut zu kooperieren, brauchen Teams eine vertrauensvolle Kommunikationskultur. Diese Kultur sollte zum Beispiel in den Teambesprechungen zum Ausdruck kommen: Es wird offen diskutiert, effektiv geplant und zügig entschieden. Logisches Argumentieren kann dabei helfen, die Teamentwicklung voranzutreiben. Warum?

Weil eine an den Sachaufgaben orientierte Diskussionsatmosphäre und Besprechungskultur geschaffen wird, die Problemlösungen und innovatives Denken unterstützt.

Erkennen, was schiefläuft

Einige werden jetzt vielleicht fragen: „Warum brauche ich ein Buch zum logischen Argumentieren? Das kann ich doch schon." Das ist richtig. Wenn Sie nämlich nicht in der Lage wären, logisch zu argumentieren, könnten Sie zum Beispiel dieses Buch nicht verstehen. Aber in den meisten Fällen haben die Menschen nur ein vages und sehr ganzheitliches Verständnis vom logischen Argumentieren. Das heißt, sie folgen unbewusst den richtigen Regeln, wissen aber nicht, warum. Wenn dann in einem Argument etwas falsch läuft, dann „merken" oder „spüren" die meisten zwar, dass etwas nicht ganz in Ordnung ist, erkennen aber nicht genau, wo der Fehler liegt. Das heißt, es fehlt das Wissen, was beim Argumentieren eigentlich genau passiert.

Oder wissen Sie, wie man ein Dilemma konstruiert, um Entscheidungen herbeizuführen, oder wie man eine Argumentationskette absolut wasserdicht aufbaut? Können Sie erklären, was in den folgenden Argumentationsfällen schiefläuft und was man hätte besser machen können?

Beispiel

Argumentationsfall A: Bei einer Besprechung wird argumentiert: „In der Frage des neuen Standorts können wir die Mitarbeiter nicht in den Entscheidungsprozess einbeziehen. Wenn wir das nämlich tun, wird es schließlich nicht nur bei dieser Frage bleiben. Die Mitarbeiter werden letztendlich bei allen Fragen mitreden wollen. Unser ganzes Unternehmen wird zu einem einzigen großen Diskussionsforum, und das angesichts der Lage, dass immer schneller Entscheidungen getroffen werden müssen. Ich bin daher dagegen, dass die Mitarbeiter zu diesem Thema befragt werden." Welche Schwachpunkte hat diese Argumentation? Wo liegen mögliche Fehlerquellen?

Argumentationsfall B: Bei einer Podiumsdiskussion zum Thema „Wie moralisch müssen Unternehmen sein?" argumentiert der Vorsitzende einer Bank, dass man Unternehmen ihre Exporte in den Irak nicht generell vorwerfen dürfe. Die Unternehmen könnten schließlich in vielen Fällen nicht voraussehen, wozu die Teile, die sie liefern, letzten Endes benutzt würden. Ein Zuhörer erwidert: „Dann kann man ja auch den Koka-Bauern in Kolumbien nicht vorwerfen, dass sie Koka anbauen und verkaufen. Die wissen ja auch nicht, welcher Schaden durch den Drogenhandel entsteht." Darauf erwidert der Vertreter der Bank: „Auf solche rhetorischen Spielereien lasse ich mich nicht ein." Er erntet Buh-Rufe. Wie hätte der Vorstandsvorsitzende besser reagieren können?

Argumentationsfall C: In einer Diskussionssendung plädiert der Wirtschaftsminister für eine Liberalisierung des Ladenschlussgesetzes. Er bezieht sich auf ein Ifo-Gutachten, das seine Position unterstützt. Eine Gewerkschaftsvertreterin kontert: „Das Ifo-Gutachten, das Sie hier zitieren, hat aber auch herausgefunden, dass 70 Prozent aller Deutschen mit den bisherigen Ladenschlusszeiten zufrieden sind." Dieser Einwand der Gewerkschaftsvertreterin irritiert den Minister. Offensichtlich weiß er nicht genau, wie er darauf reagieren soll. In diesem Moment sammelt die Vertreterin der Gewerkschaft Pluspunkte. Welche Relevanz besitzt der Einwand der Gewerkschaftsvertreterin? Wie sieht ihr Argument eigentlich genau aus?

Am Ende des Buches werden Sie genau sagen können, was in diesen Fällen falsch gelaufen ist. Sie werden außerdem wissen, wie eine sachliche, lösungsorientierte Argumentation und Diskussion geführt werden sollte und wo mögliche Fehlerquellen in verschiedenen Argumentationsformen liegen. Sie werden die wichtigsten Argumentformen kennen und ihre Stärken und Schwächen bewerten können. Sie können die wichtigsten Taktiken identifizieren und werden wissen, wie man effektiv darauf reagiert. Kurz: Sie werden das wesentliche Handwerkszeug des logischen Argumentierens kennen.

Wie Sie von diesem Buch profitieren

Die schlechte Nachricht: Wir liefern Ihnen keine Patentrezepte, wie Sie durch logisches Argumentieren Menschen überzeugen können. Solche Patentrezepte gibt es nicht – zum Glück. Auch ist logisches Argumentieren zwar ein notwendiger Bestandteil im „Business" des Überzeugens, aber alleine reicht es nicht aus. Zum logischen Argumentieren müssen noch kommunikative Aspekte hinzukommen, damit Überzeugungskraft voll entwickelt werden kann: Sie sollten die Interessen und Erwartungen Ihrer Gesprächspartner berücksichtigen, kluge Fragen stellen, professionell zuhören, Einwände geschickt behandeln usw.

Die gute Nachricht: Dauerhafte Überzeugungskraft resultiert wesentlich aus korrekter Argumentation. Rhetorische Tricks führen zwar bisweilen zu kurzfristigen Erfolgen – aber in aller Regel merken wir sehr schnell, dass und wie wir aufs argumentative Glatteis geführt wurden. Wodurch lassen Sie selbst sich dauerhaft überzeugen: durch rhetorische Tricks oder durch stichhaltige Argumente?

Und so gehen wir vor

- Im Kapitel „Ihr Handwerkszeug: Argumente" (siehe S. 19) werden wir Sie mit wichtigen Grundbegriffen des Argumentierens vertraut machen. Diese Begriffe brauchen Sie, um Argumente angemessen bewerten zu können.

- Im Kapitel „FullPower-Argumente: Die Kraft der logischen Beweise" (siehe S. 45) werden wir Ihnen Argumentformen vorstellen, mit denen Sie eine absolut wasserdichte Argumentation aufbauen können. Sie werden außerdem einige wichtige logische Fehlschlüsse kennenlernen.

- Das Kapitel „High- und LowPower-Argumente: Aus Erfahrung gut" (siehe S. 93) dient dazu, Sie über die Argumentationsmuster aufzuklären, die in unserem Alltag am häufigsten vorkommen. Sie werden verstehen lernen, wo die Stärken und Schwächen dieser Argumentformen liegen.

- Im Kapitel „NoPower-Argumente: Unfaire Verführer" (siehe S. 207) werden wir Sie mit einigen wichtigen Argumentationstaktiken bekannt machen, die Ihnen in Beruf und Alltag begegnen können. Sie werden erfahren, wie man sich gegen diese Taktiken geschickt zur Wehr setzen kann.

- Am Schluss unseres Buches finden Sie schließlich einen Übungs- (siehe S. 233) und Lösungsteil (siehe S. 247). Diesen Abschnitt können Sie nutzen, um Ihr Wissen zum logischen Argumentieren weiter zu festigen.

Ihr Handwerkszeug: Argumente

Wer weiß, wie Argumente funktionieren und warum, kann sie nicht nur leichter durchschauen und womöglich entkräften, er versetzt sich damit in die Lage, eigene Positionen klar, stichhaltig und professionell darzulegen.

In diesem Kapitel erfahren Sie,

- was ein Argument eigentlich ist, aus welchen Elementen es besteht und wann es akzeptabel ist,
- wie Sie Argumente auch im Alltagsjargon erkennen,
- welche Typen von Argumenten es gibt,
- wie wichtig es ist, zu klären, wer die Beweislast trägt.

Wie Argumente aufgebaut sind

Wie werden Standpunkte vertreten und wie funktionieren die Argumente dazu? Und warum benutzt man überhaupt Argumente?

Beispiel

16. Mai 2148. Der UN-Sicherheitsrat tritt nach einer kurzen Pause zu seiner zweiten Krisensitzung zusammen. In der Zwischenzeit ist eine Nachricht eingetroffen, die auf eine dramatische Wendung der Ereignisse hindeutet: Vom Raumschiff der Außerirdischen hat sich ein Objekt abgesondert, das in die Erdumlaufbahn einschwenkt. Es hat Verbindung mit zwei Erdsatelliten aufgenommen, die dabei zerstört wurden. Ein Akt der Aggression, eine Demonstration der Stärke oder nur der fehlgeschlagene Versuch zu kommunizieren?

Bisher ist es nicht gelungen, Kontakt zu dem unbekannten Raumschiff herzustellen. Den Mitgliedern im Sicherheitsrat ist die Anspannung deutlich anzumerken. Sie müssen schnell einen Plan entwickeln, wie man sich verhalten sollte. Wang, der Vertreter Chinas, fordert die Mobilmachung der Weltstreitkräfte, da ganz deutlich feindliche Absichten der Fremden zu erkennen seien. „Ob sie wirklich feindliche Absichten haben, wissen wir doch nicht", erwidert Lemond. „Die Zerstörung der Satelliten kann ein Unfall gewesen sein. Wenn wir jetzt unsere Streitkräfte mobilisieren, kann genau dies als Akt der Aggression gewertet werden. Deshalb sollten wir einfach abwarten, was weiter passiert."

„Unser Problem ist doch, dass wir in einem Teufelskreis sitzen", sagt Gontschow. „Um herauszufinden, welche Absichten die Fremden haben, müssten wir uns mit ihnen verständigen können. Um uns mit ihnen verständigen zu können, müssten wir etwas über ihre Absichten wissen. Wir sollten vorsichtig sein und kein Risiko eingehen. Das heißt, wir sollten mit dem schlimmstmöglichen Fall, einem Angriff, rechnen. Denn es steht viel zu viel auf dem Spiel, falls wir uns verkalkulieren."

Sinclair, der Repräsentant Europas, zupft an seinem Bart und erklärt, dass man bei einem Einsatz der eigenen Streitkräfte wahrscheinlich nichts zu gewinnen habe, weil die Fremden in technologischer Hinsicht überlegen seien. „Wer so eine weite Reise unternehmen kann", fährt er fort, „der ist uns mit Sicherheit auch technologisch weit voraus." „Auch das ist nur eine Vermutung", wirft Wang wieder ein. „Eines ist doch klar, es muss sich um intelligente Wesen handeln, sonst würden sie nicht über so eine Technologie verfügen. Außerdem müssen auch sie damit rechnen, dass wir in irgendeiner Weise auf ihr Eintreffen reagieren werden. Sie werden also auch die Möglichkeit durchgespielt haben, dass wir möglicherweise unsere Armeen in Alarmbereitschaft versetzen. Daher werden sie dies nicht als einen Akt der Aggression werten, sondern als eine vernünftige Vorsichtsmaßnahme, mit der sie ohnehin gerechnet haben." In diesem Moment geht die Tür auf, und ...

Wir verlassen die dramatische Szene aus unserer Zukunft, den Augenblick des ersten Kontakts mit einer fremden Intelligenz. Klar ist, dass der Sicherheitsrat vor einer wichtigen Entscheidung steht, einer Entscheidung, die unter großer Unsicherheit getroffen werden muss. Die Entscheidung will daher wohlüberlegt sein. Verschiedene Standpunkte und Meinungen prallen bei der Diskussion der Situation aufeinander. Die Mitglieder des Sicherheitsrates bemühen sich, ihre Ansichten zu begründen und zu rechtfertigen, das heißt: sie argumentieren.

Argumente begegnen uns da, wo es um die Begründung von Behauptungen, Meinungen, Überzeugungen, Standpunkten, Thesen etc. geht. Argumente benötigen wir, wenn eine Meinung oder ein Standpunkt vom Gesprächspartner oder den Diskussionsteilnehmern nicht einfach akzeptiert, sondern angezweifelt oder sogar bestritten wird. Argumente sollen in dem Fall begründen, warum man eine bestimmte Meinung glauben oder als richtig akzeptieren soll.

Was ist ein Argument?

Aber was ist eigentlich ein Argument? Genau diese Frage werden wir in diesem Kapitel klären. Denn bevor wir uns mit konkreten Argumentmustern und Argumentationstaktiken auseinandersetzen können, müssen wir verstehen, aus welchen Bausteinen ein Argument aufgebaut ist, was die grundlegenden Erfolgskriterien für Argumente sind und wie man sie in Alltagsargumentationen erkennt.

Zurück in die Gegenwart und zu einem Fallbeispiel, an dem wir einige fundamentale Aspekte von Argumenten kennenlernen werden.

Beispiel

Klaus und Claudia sind Mitglied des Leitungsteams von Terra-Com, einem Unternehmen der Kommunikationsbranche, das Mobiltelefone produziert. Um angesichts der immer stärker werdenden Konkurrenz wettbewerbsfähig zu bleiben, wurde beschlossen, das Unternehmen neu zu organisieren. Zu diesem Zweck hat man ein umfassendes Programm gestartet. Ein wesentlicher Baustein dieses Programms ist die Einführung von Teamarbeit und die damit verbundene Verlagerung von Verantwortung auf die unteren Organisationsebenen. Die Mitarbeiter sollten mehr Verantwortung übernehmen und mehr Entscheidungen selbst treffen. Nach einem halben Jahr aber ist das Ergebnis ernüchternd: Viele wichtige Entscheidungen werden von den Mitarbeitern nicht getroffen, und die Verantwortung wird wieder zu den Vorgesetzten zurückverlagert. Klaus und Claudia sind enttäuscht. Zwischen den beiden entwickelt sich folgender Dialog:

> Klaus: „Unser Konzept, den Mitarbeitern mehr Verantwortung zu übergeben, scheint nicht zu funktionieren."
>
> Claudia: „Ich glaube, die Mitarbeiter scheuen sich, Verantwortung zu übernehmen, weil sie Angst vor der damit verbundenen Freiheit haben."
>
> Klaus: „Ein interessanter Punkt, aber was meinst du damit genau?"
>
> Claudia: „Verantwortung zu übernehmen heißt doch, die Freiheit zu haben, Entscheidungen zu treffen. Entscheidungen aber sind stets mit einem Fehlerrisiko behaftet. Wenn ich eine Entscheidung treffe, kann mir immer ein Fehler unterlaufen. Einen Fehler zu machen bedeutet in der Regel, negativen Sanktionen ausgesetzt zu sein, und genau vor solchen möglichen Sanktionen haben unsere Mitarbeiter Angst."

Claudia glaubt, dass die Mitarbeiter Verantwortung scheuen. Sie begründet das mit der These, dass die Mitarbeiter Angst vor der damit verbundenen Freiheit hätten. Das ist ihr erstes Argument. Klaus findet diese Begründung zwar interessant, aber sie ist ihm nicht ganz einsichtig. Daraufhin liefert ihm Claudia ein ausführliches Argument für diese These.

Was also ist ein Argument? Wenn man ein Argument ganz formal betrachtet und vom Inhalt einmal absieht, dann handelt es sich dabei einfach um eine Gruppe von Aussagen, die in einer sogenannten Begründungsbeziehung zueinander stehen. Das heißt: In einem Argument werden Gründe für eine Meinung oder eine Behauptung geliefert.

Die Struktur eines Arguments ist im Grunde ganz einfach. Jedes Argument besteht aus zwei zentralen Bausteinen:

- dem Standpunkt (Meinung/Behauptung), der begründet werden soll, und
- den Gründen, die benutzt werden, um den Standpunkt zu stützen.

Diese zwei wichtigen Bausteine eines Arguments haben spezielle Namen. Die zentrale Behauptung, den Standpunkt in einem Argument, nennt man die Konklusion; die Gründe werden auch die Prämissen eines Arguments genannt.

Diese zwei Begriffe sollten Sie sich merken, denn sie werden in unserem Buch eine wichtige Rolle spielen und immer wieder vorkommen, wenn wir Argumente untersuchen.

Die Grundstruktur von Argumenten

Prämissen und Konklusion

Jedes Argument muss mindestens eine Prämisse (einen Grund) besitzen. Sonst handelt es sich ja gar nicht um ein Argument, sondern nur um eine Behauptung. Claudias erstes Argument aus unserem Beispiel besitzt eine Konklusion (die

Behauptung) und eine Prämisse. Übersichtlicher können wir das folgendermaßen darstellen:

Prämisse:	Die Mitarbeiter haben Angst vor der Freiheit, die mit der Übernahme von Verantwortung verbunden ist.
Konklusion:	Die Mitarbeiter scheuen Verantwortung.

Im folgenden Beispiel kommt ein Argument mit zwei Prämissen vor.

Beispiel

 Monika und Paula, zwei Amerikaexpertinnen, unterhalten sich über die Wirtschaftsentwicklung in den USA. Monika: „Ich glaube, dass die Nachfrage nach Konsumgütern in diesem Jahr stark zurückgehen wird. Denn die Finanzkrise letztes Jahr hat die Menschen verunsichert, und wenn die Menschen verunsichert sind, sinkt gewöhnlich die Nachfrage nach Konsumgütern."

Monikas Argument enthält zwei Prämissen. Es hat folgende Struktur:

1. Prämisse:	Die Finanzkrise hat die Menschen verunsichert.
2. Prämisse:	Wenn die Menschen verunsichert sind, dann sinkt gewöhnlich die Nachfrage nach Konsumgütern.
Konklusion:	Der Konsumverbrauch wird in den besonders betroffenen Ländern stark zurückgehen.

Wie viele Prämissen in einem Argument vorkommen können, ist nicht festgelegt. Prinzipiell könnte ein Argument unendlich viele Prämissen enthalten. In den meisten Alltagsargumenten kommen aber in der Regel nicht mehr als zwei oder drei Prämissen vor.

Ob eine Aussage als Prämisse oder als Konklusion fungiert, hängt davon ab, welche Rolle die Aussage in einem Argument spielt. Im Beispiel von Seite 22 trat Claudias Aussage „Die Mitarbeiter haben Angst vor der Freiheit" als Prämisse auf. Diese Aussage fungierte als Grund zur Stützung der Konklusion, dass die Mitarbeiter Verantwortung scheuen. Nachdem Klaus jedoch nachfragte, hat Claudia diese Aussage nicht einfach stehenlassen, sondern selbst wiederum begründet. Die Aussage wurde somit zur Konklusion eines zweiten Arguments. Dieses Argument sieht folgendermaßen aus:

1. Prämisse:	Verantwortung zu übernehmen heißt, die Freiheit zu haben, Entscheidungen zu treffen.
2. Prämisse:	Entscheidungen aber sind stets mit einem Fehlerrisiko behaftet.
3. Prämisse:	Einen Fehler zu machen bedeutet in der Regel, negativen Sanktionen ausgesetzt zu sein.
4. Prämisse:	Genau vor solchen möglichen Sanktionen haben unsere Mitarbeiter Angst.
Konklusion:	Die Mitarbeiter haben Angst vor der Freiheit, die mit der Übernahme von Verantwortung verbunden ist.

Sie sehen, dass dieses Argument relativ komplex ist. Denn es besitzt vier Prämissen. Es könnte nun durchaus sein, dass Klaus einige dieser Prämissen nicht für akzeptabel hält. Vielleicht stört ihn die dritte Prämisse. Das könnte dazu führen, dass Claudia sich gezwungen sieht, auch diese Aussage („Einen Fehler zu machen bedeutet in der Regel, negativen Sanktionen ausgesetzt zu sein.") zu begründen.

Der Schlusspunkt des Argumentierens

Wann ist dann ein Ende des Argumentierens erreicht? Diese Frage drängt sich auf, denn sieht es nun nicht so aus, als müsste die Suche nach Argumenten endlos weitergehen? Doch keine Sorge: Wir müssen uns nicht im Unendlichen verlieren, wenn wir argumentieren. Ein Schlusspunkt ist nämlich dann erreicht, wenn wir auf Gründe stoßen, die vom Gesprächspartner akzeptiert werden, Gründe, denen der Gesprächspartner also zustimmt.

Diese Formulierung zeigt, dass in unseren Alltagsargumentationen nicht objektive Wahrheit das wichtigste Merkmal eines Arguments ist, sondern die Akzeptanz durch den Gesprächspartner. Es könnte sein, dass unser Gesprächspartner ein Argument akzeptiert, obwohl die Prämissen, die im Argument vorkommen, – objektiv betrachtet – nicht wahr sind. Aber wenn er die Gründe akzeptiert, dann hat er auch das Argument akzeptiert, und ein Ende der Argumentation ist erreicht. Unter diesem Blickwinkel ist ein Argument also erfolgreich, wenn der Gesprächspartner die Prämissen für akzeptabel hält, die die Konklusion stützen sollen.

Argumente kann man sehr schön graphisch darstellen, und zwar in sogenannten Strukturbäumen. Claudias Argument hat folgenden Strukturbaum:

Die Mitarbeiter scheuen Verantwortung.

Die Mitarbeiter haben Angst vor der Freiheit, die mit der Übernahme von Verantwortung verbunden ist.

Verantwortung zu übernehmen heißt, die Freiheit zu haben, Entscheidungen zu treffen.	Entscheidungen sind mit einem Fehlerrisiko behaftet.	Einen Fehler zu machen bedeutet, negativen Sanktionen ausgesetzt zu sein.	Die Mitarbeiter haben Angst vor möglichen, negativen Sanktionen.

Strukturbaum für ein Argument

Wir wissen jetzt also: Jedes Argument ist eine Gruppe von Aussagen, die genau eine Konklusion und mindestens eine Prämisse enthält.

Wie erfolgreiche Argumente aussehen

Was ist ein gutes, erfolgreiches Argument? Hier kommt es darauf an, wie wir „Erfolg" definieren. Da es uns in erster Linie um Überzeugungssituationen geht – wir benutzen Argumente, um andere Menschen zu überzeugen –, können wir den Erfolg eines Arguments an seiner Überzeugungskraft messen.

Am besten macht man sich die wichtigsten Erfolgsdimensionen eines Arguments klar, wenn man sich ansieht, wie ein Argument fehlschlagen oder zum Einsturz gebracht werden kann. Es gibt zwei prinzipielle Möglichkeiten:

Erstens: Eine oder mehrere der im Argument genannten Prämissen sind falsch oder unakzeptabel. Das Argument wird dann zurückgewiesen, weil die Prämissen nicht als wahr betrachtet werden. Ein Argument mit ersichtlich falschen oder nicht akzeptablen Prämissen besitzt keine Überzeugungskraft.

Beispiel

 1. Prämisse: Alle Bayern sind Anarchisten.

2. Prämisse: Sokrates, der Philosoph, war Bayer.

Konklusion: Sokrates war ein Anarchist.

Dieses Argument ist zwar rein formal betrachtet korrekt, das heißt, die Prämissen stellen eine echte Begründung für die Konklusion dar: Wenn die Prämissen wahr wären, wäre das die Konklusion auch. Das Argument ist aber nicht akzeptabel, weil die zweite Prämisse falsch und die erste zumindest zweifelhaft ist.

Zweitens: Die Prämissen, obwohl wahr und akzeptabel, stehen nicht in der richtigen Begründungsbeziehung zur Konklusion. Die genannten Prämissen liefern keine echte Begründung, sie sind für die Richtigkeit der Konklusion nicht relevant. In diesem Fall können die genannten Prämissen zwar für sich genommen wahr oder akzeptabel sein, aber sie liefern keine Begründung der Konklusion.

Beispiel

1. Prämisse: Alle Japaner haben schwarze Haare.
2. Prämisse: Michael Jackson hatte schwarze Haare.
Konklusion: Michael Jackson war ein Japaner.

Dieses Argument ist nicht akzeptabel. Denn die Prämissen sind zwar alle wahr, aber sie stehen nicht in der richtigen Beziehung zur Konklusion. Die Prämissen liefern keine echte Begründung. Dieses Argument ist (logisch) nicht korrekt.

Argumentieren in der Praxis

Wenn Sie argumentieren, sollten Sie an folgende Dinge denken:

- Prüfen Sie, ob die Prämissen Ihrer Argumente wahr sind oder ob sie die Chance haben, vom Gesprächspartner (Adressaten) akzeptiert zu werden.

- Überlegen Sie, ob und wie die Prämissen Ihrer Argumente selbst wieder gestützt, das heißt begründet werden könnten.

- Überlegen Sie außerdem, ob die genannten Gründe für Ihre Konklusion wirklich relevant sind: Handelt es sich um echte Gründe?

Umgekehrt können Sie Argumente prinzipiell auf folgende Art und Weise kritisieren:

- Sie bezweifeln die Prämissen.

- Oder Sie bezweifeln die Korrektheit des Arguments, indem sie zum Beispiel kritische Fragen stellen oder zeigen, dass es sich um einen Fehlschluss handelt.

In diesem Buch werden wir uns in erster Linie mit Fragen der Korrektheit von Argumenten beschäftigen, also mit der Frage, welche legitimen Möglichkeiten es gibt, um eine Konklusion zu begründen.

Begründen und folgern

Argumente benötigen wir nicht nur, um Behauptungen oder Meinungen zu begründen, sondern sie werden auch benutzt, wenn wir Schlussfolgerungen ziehen. Schlussfolgerungen ziehen wir zum Beispiel dann, wenn wir über die möglichen Konsequenzen alternativer Entscheidungen nachdenken.

Beispiel

Die Firma Intro GmbH möchte eine Repräsentanz in Asien aufbauen. Es geht um die Frage, ob Singapur oder Hongkong als Standort gewählt werden soll.

Der Marketingleiter der Intro GmbH argumentiert: „China ist für uns der wichtigste Exportmarkt in Asien. Je näher wir an diesem Markt sind, umso schneller können wir auf die Wünsche unserer Kunden reagieren. Wir sollten daher Hongkong und nicht Singapur als Sitz unserer Zweigstelle in Asien wählen."

Der Marketingleiter zieht eine Schlussfolgerung, nämlich dass Hongkong und nicht Singapur als Sitz der Zweigstelle gewählt werden sollte. Diese Schlussfolgerung ist nichts anderes als die Konklusion in seinem Argument. Dabei geht er so vor, dass er zuerst die Prämissen nennt und daraus die Konklusion ableitet. Der Marketingchef zieht einen Schluss. Von einem Schluss spricht man dann, wenn man von gegebenen Prämissen auf eine Konklusion (Behauptung, Standpunkt) schließt.

Auch ein Schluss ist ein Argument. Nur beginnt im Falle eines Schlusses der Gedankengang nicht bei der zentralen Behauptung (Konklusion), die im weiteren Verlauf des Arguments begründet wird, sondern bei den Prämissen, aus denen die zentrale Behauptung als Schlussfolgerung abgeleitet wird. Begründungen zu geben und Schlussfolgerungen zu ziehen, sind also nur die Kehrseiten ein und derselben Medaille. In beiden Fällen benutzen wir Argumente.

Argumentschemata

Wenn wir im folgenden Argumente niederschreiben, werden wir sie manchmal auf schematische Weise darstellen: Dabei führen wir zuerst die Prämissen auf und dann – getrennt durch den sogenannten Folgerungsstrich – die Konklusion. So gewinnen wir an Übersicht, wenn wir Argumente analysieren. Das Argument des Marketingleiters aus dem Beispiel oben können wir so darstellen:

China ist für uns der wichtigste Exportmarkt in Asien.

Je näher wir an diesem Markt sind, umso schneller können wir auf die Wünsche unserer Kunden reagieren.

Daher: Wir sollten Hongkong und nicht Singapur als Sitz unserer Zweigstelle in Asien wählen.

Wie Sie Argumente erkennen

Normalerweise begegnen wir Argumenten nicht in dieser schematischen Form. Sie sind vielmehr in Dialogkontexte eingebettet. Das macht es nicht immer leicht, Argumente zu erkennen. Vor allem bei mündlichen Dialogen oder Diskussionen kann es schwierig sein, dem Gang der Argumentation zu folgen.

Argumente können auf verschiedenste Art und Weise formuliert werden. Zum Beispiel hätte unser Marketingchef auch eine der folgenden Formulierungsvarianten wählen können:

Beispiel

Variante 1: „Wir sollten Hongkong und nicht Singapur als Standort wählen. Immerhin ist China unser wichtigster Exportmarkt. Und je näher wir an China sind, desto schneller können wir die Wünsche unserer Kunden erfüllen."

Variante 2: „Da China unser wichtigster Exportmarkt ist und wir die Wünsche unserer Kunden umso schneller erfüllen können, je näher wir an China sind, sollten wir Hongkong als Standort wählen und nicht Singapur."

Oft gibt es Signalwörter, die uns dabei helfen können, die Struktur von Argumenten zu identifizieren. Signalwörter und -phrasen für Konklusionen sind beispielsweise: folglich, daher, deshalb, darum, „daraus folgt", „daraus kann man schließen". Der Marketingleiter aus unserem Beispiel von oben benutzt den Ausdruck „daher". Durch dieses Signalwort wird seine zentrale Behauptung, seine Konklusion, angedeutet. Typische Signalwörter für Prämissen (Gründe) sind: da, denn, weil, nämlich.

Doch Achtung: Nicht immer sind solche Wörter Signale für Prämissen oder Konklusionen. In folgender Äußerung zum Beispiel zeigt der Ausdruck „da" keine Prämisse an: „Da brennt ja noch Licht. Das müssen wir noch ausmachen!"

Argumentieren in der Praxis

Sie können Argumente erkennen, indem Sie sich einige gezielte Fragen stellen.

Leitfaden: So erkennen Sie Argumente
1 Was möchte der Sprecher oder Autor sagen?
2 Worauf möchte er hinaus?
3 Was ist seine zentrale Behauptung (Konklusion)?
4 Wenn Sie die Behauptung (Konklusion) identifiziert haben, fragen Sie im nächsten Schritt: Welche Gründe nennt der Autor/Sprecher, um die Behauptung zu stützen?
5 Gibt es Signalwörter, die helfen, Prämissen und Konklusion zu identifizieren?

Wenn wichtige Teile fehlen

Viele unserer Alltagsargumentationen sind – rein logisch betrachtet – unvollständige Argumente. In vielen Fällen fehlen Prämissen, oder es fehlt sogar die Konklusion. Prämissen oder Konklusionen wegzulassen ist oft üblich, da der Hörer oder Leser die fehlenden Bestandteile leicht ergänzen kann. Entweder gehören die Prämissen nämlich zum Hintergrundwissen des Adressaten und müssen deshalb nicht extra betont werden, oder sie sind aus dem Kontext ersichtlich. Manchmal jedoch sind gerade die fehlenden Prämissen die kritischen Elemente, die einer eingehenden Analyse nicht standhalten. Deshalb sind folgende Fragen sehr wichtig: Enthält das Argument Lücken? Gibt es fehlende Prämissen, und wie sehen diese aus? Betrachten wir zur Illustration noch einmal das Argument für den Standort Hongkong:

China ist unser wichtigster Exportmarkt.

Die Wünsche unserer Kunden können wir umso schneller erfüllen, je näher wir an China sind.

Daher: Wir sollten Hongkong als Standort wählen und nicht Singapur.

Dieses Argument ist im Grunde nicht vollständig. Es fehlt eine Prämisse, nämlich: Hongkong liegt näher an China als Singapur. Diese Tatsache gehört zum Allgemeinwissen der meisten Menschen, so dass sie nicht extra erwähnt werden muss. Betrachten wir einmal folgendes Argument:

Herr Meier fährt einen Mercedes und hat eine Zweitwohnung in Monaco.

Daher: Herr Meier muss ziemlich wohlhabend sein.

Auch in diesem Argument werden Prämissen als selbstverständlich vorausgesetzt und nicht eigens erwähnt. Solche Prämissen könnten sein: Wer einen teuren Wagen fährt und einen Zweitwohnsitz in einer teuren Stadt hat, der muss ziemlich wohlhabend sein. Ein Mercedes ist ein ziemlich teures Auto. Monaco ist eine ziemlich teure Stadt.

Wie komplex Argumente sein können

In vielen Überzeugungssituationen haben wir es nicht nur mit einzelnen Argumenten zu tun, sondern mit Argumentationsketten oder komplexen Argumenten. Da kann es zum Beispiel sein, dass eine Prämisse weiter begründet wird (siehe Claudias Argumentation im Beispiel auf S. 22) oder dass für eine Behauptung voneinander unabhängige Argumente angeführt werden. Claudia hätte als weiteres, unabhängiges Argument bringen können: „Die Mitarbeiter scheuen Verantwortung, weil sie in ihrer Arbeitssituation bisher nie positive Modelle für die Delegation von Verantwortung erlebt haben." Claudia liefert also zwei voneinander unabhängige Gründe (Prämissen) zur Stützung ihres zentralen Standpunkts: 1. Die Mitarbeiter haben Angst vor der Freiheit, die mit der Übernahme von Verantwortung verbunden ist. 2. Die Mitarbeiter haben bisher nie positive Modelle für die Delegation von Verantwortung erlebt.

Argumentieren in der Praxis

In komplexen Argumentationssituationen ist es wichtig, sich zuerst zu fragen:

- Wo liegt das Hauptargument?
- Was ist die wichtigste Behauptung?

Halten Sie sich nicht mit den Nebenargumenten auf, sondern konzentrieren Sie sich zunächst auf das Hauptargument!

Welche Argumentationstypen es gibt

Die Prämissen in einem Argument stützen die Konklusion. Die Stützkraft der Prämissen kann sehr stark sein oder auch schwach. Ein entscheidender Faktor in einem Argument ist daher das Ausmaß, in dem die Prämissen die Konklusion stützen. Auf einer Skala von 0 bis 100 können die Prämissen die Konklusion zu 100 % stützen oder gar nicht.

Abstufung von grundlegenden Argumenttypen:	
FullPower-Argumente	volle Stützung
HighPower-Argumente	starke Stützung
LowPower-Argumente	schwache Stützung

In diesem Buch werden wir Ihnen die wichtigsten Formen dieser verschiedenen Argumenttypen vorstellen, die Sie in Argumentationssituationen nutzen können oder die Ihnen in solchen Situationen begegnen. Im Grunde gibt es noch einen vierten Typ, obwohl es sich dabei um keinen echten Argumenttyp handelt. Die Rede ist von sogenannten NoPower-Argumenten. NoPower-Argumente sind auf der Skala von 0 bis 100 ganz unten angesiedelt. Hier stellen die Prämissen überhaupt keine Stütze für die Konklusion dar. Bei NoPower-Argumenten handelt es sich um Fehlschlüsse oder Argumentationstaktiken. Eine Vielzahl solcher Taktiken werden wir im Kapitel „NoPower-Argumente" (siehe S. 207) behandeln.

FullPower-Argumente

Wenn die Prämissen die Konklusion hundertprozentig stützen, dann folgt die Konklusion aus den Prämissen absolut zwingend. Solche Argumenttypen nennen wir FullPower-Argumente oder auch logische Beweise. In FullPower-Argumenten ist es logisch unmöglich, dass die Konklusion falsch ist, wenn die Prämissen wahr sind. Anders ausgedrückt: Unter der Annahme, dass die Prämissen wahr sind, muss die Konklusion in einem FullPower-Argument wahr sein. Das ist das entscheidende Definitionsmerkmal eines FullPower-Arguments.

HighPower-Argumente

Wenn die Prämissen die Konklusion mit einem gewissen Grad an Wahrscheinlichkeit stützen, dann sprechen wir von High-Power-Argumenten oder starken Erfahrungsargumenten. In HighPower-Argumenten machen die Prämissen eine Konklusion sehr wahrscheinlich, aber sie stützen sie nicht absolut zwingend.

LowPower-Argumente

Wenn die Konklusion durch die Prämissen nur schwach gestützt wird, dann nennen wir diese Argumente LowPower-Argumente oder Plausibilitätsargumente. In LowPower-Argumenten machen die Prämissen die Konklusion zumindest solange plausibel, wie es keine Gegenbeweise gibt. Die meisten der von uns im Alltag verwendeten Argumente sind Low-Power-Argumente.

Wer die Beweislast trägt

Stellen Sie sich einen Strafprozess vor, in dem jemand angeklagt ist, seine Frau und ihren Geliebten umgebracht zu haben. Die Staatsanwaltschaft versucht die Konklusion nachzuweisen, dass der Angeklagte der Mörder sei. Die Verteidigung vertritt den Standpunkt, dass er unschuldig sei.

Sie wissen, dass in Strafprozessen das Motto gilt „in dubio pro reo". Dieses Motto ist in unserem Rechtssystem grundlegend. Ein Angeklagter gilt solange als unschuldig, wie seine Schuld nicht schlüssig nachgewiesen ist. Das bedeutet, die Beweislast liegt auf Seiten der Staatsanwälte. Sie müssen Beweise für die Konklusion liefern, dass der Angeklagte die ihm zur Last gelegte Tat wirklich begangen hat.

Wenn wir argumentieren und andere Menschen zu überzeugen versuchen, spielt die Beweislast eine wichtige Rolle. Im Grunde gilt: Jeder, der eine Behauptung aufstellt, die vom Gesprächspartner bezweifelt oder vielleicht sogar bestritten wird, trägt die Beweislast. Er hat die Verpflichtung, zu begründen, warum seine Behauptung richtig ist oder warum man sie akzeptieren sollte. Wie die Beweislast verteilt ist, hängt von der jeweiligen Argumentationssituation und vom Gesprächskontext ab.

Beispiel

 Petra hat die feste Überzeugung, dass positives Denken zu einem erfolgreichen Leben führt. Franz kann mit dem Begriff „positives Denken" nicht viel anfangen. Er stellt Petra daher eine Reihe kritischer Fragen, durch die er herausfinden möchte, was Petra eigentlich unter „positivem Denken" versteht und inwiefern positives Denken zu einem erfolgreichen Leben führt.

Petra vertritt die Ansicht, dass positives Denken ein erfolgreiches Leben zur Folge hat. Franz will diese Ansicht nicht einfach so übernehmen. In dieser Situation ist Petra aufgefordert zu begründen, warum man ihrer These zustimmen sollte. Die Beweislast liegt auf ihrer Seite und nicht auf der von Franz. Dieser stellt nur kritische Fragen in Bezug auf Petras These. Er hat keinen festen Standpunkt zum Thema „Positives Denken". Franz enthält sich einer Meinung. In diesem Fall liegt eine asymmetrische Dialogsituation vor. Petra trägt allein die Beweislast, Franz kann sich ganz darauf zurückziehen, kritische Fragen zu stellen. Er hat keine Verpflichtung, irgendeine These zu begründen.

Es gibt jedoch auch Argumentationssituationen, in denen die Beweislast gleichmäßig verteilt ist. In solchen Fällen sprechen wir von einer symmetrischen Dialogsituation.

Beispiel

 Ludwig und Karin gehören zum strategischen Stab des Unternehmens RapidSell. RapidSell ist eine erfolgreiche Einzelhandelskette, die Produkte des täglichen Bedarfs zu sehr günstigen Preisen anbietet. Ludwig ist der Meinung, dass RapidSell weiter diversifizieren sollte, um sich andere Märkte zu erschließen. Karin ist der Meinung, dass man sich im Gegenteil auf die Kerngeschäfte konzentrieren und Unternehmensteile, die nicht zur Kernkompetenz von RapidSell gehören, abstoßen sollte.

In diesem Beispiel ist die Beweislast gleichmäßig verteilt. Sowohl Ludwig als auch Karin haben die Verpflichtung, ihre

Konklusionen (Standpunkte) zu begründen. Beide tragen die Beweislast. Beide sind verpflichtet, Defensivstrategien zu entwickeln, das heißt, Begründungen für Ihre Thesen zu liefern, die auf Prämissen aufbauen, die der Gesprächspartner akzeptiert. Im Laufe der Diskussion können sie jedoch auch Offensivstrategien anwenden, indem sie die Argumente des Gesprächspartners in Zweifel ziehen.

Ist immer klar, wie die Beweislast verteilt ist? Nein, leider nicht. Es ist stark von der Situation abhängig, in der man sich befindet. Allgemein kann man sagen, dass die Beweislast immer auf Seiten dessen liegt, der etwas verändern möchte, eine neue Idee einbringen will, der etwas behauptet, was gegen landläufige Überzeugungen spricht oder der etwas behauptet, das ein großes Risiko in sich trägt.

Beispiel

 Familie Huber fährt in den Urlaub. Alle sitzen startbereit im Auto. Herr Huber sagt zu seiner Frau: „Ich glaube, wir haben die Hintertür nicht abgeschlossen." „Ich denke schon. Das machst du doch immer", erwidert Frau Huber.

Herr Huber ist der Meinung, dass die Hintertür nicht abgeschlossen sei, Frau Huber ist vom Gegenteil überzeugt. In dieser Situation liegt die Beweislast auf der Behauptung, die Tür sei abgeschlossen. Denn das Risiko, dass sie offen sein könnte, ist zu groß. Also müsste Frau Huber jetzt einen guten Grund nennen, der belegt, dass die Tür tatsächlich abgeschlossen ist. Auch im folgenden Beispiel liegt die Beweislast nur auf einer Seite:

Beispiel

 Die Marketingabteilung von ErgoTeck trifft sich zu ihrem wöchentlichen Meeting. Birgit erklärt, dass es sinnvoll sein könnte, die laufende Werbekampagne noch einmal zu überdenken, weil die Konkurrenz eine neue, aggressivere Werbestrategie entwickelt.

In diesem Fall macht Birgit einen Vorschlag, der die laufende Werbekampagne ändern würde. Deshalb liegt die Beweislast bei ihr. Will sie ihre Sache zur Geltung bringen, muss sie ihre Kollegen davon überzeugen, dass eine neue Kampagne gestartet werden müsste.

Argumentieren in der Praxis

Die Beweislast ist einer Ihrer wichtigsten Verbündeten. Stellen Sie sich prinzipiell die Frage: Auf wessen Seite liegt (eigentlich) die Beweislast?

Wenn klar ist, dass die Beweislast auf der Seite Ihres Gesprächspartners liegt, können Sie sich ganz auf die Position des kritischen Fragenstellers zurückziehen. Sie können die Offensivstrategie wählen, die Argumente Ihres Gesprächspartners kritisch zu durchleuchten, indem Sie etwa die Korrektheit seiner Argumente oder die Plausibilität seiner Prämissen in Frage stellen. Ihr Gesprächspartner ist dann durch die Beweislastverteilung gezwungen, seine Behauptung zu begründen. Er muss eine Defensivstrategie verfolgen, das heißt, er muss seine Konklusion verteidigen.

Wenn die Beweislast auf der Seite Ihres Gesprächspartners liegt, sollten Sie diese Trumpfkarte ausspielen. Es wäre ein

taktischer Fehler, wenn Sie sich die Beweislast aufbürden
würden. Denn dann wären Sie sofort in die Defensive ge-
drängt. Dies wird in folgendem Beispiel deutlich:

Beispiel

 Johann: „Die geplante Steuerreform würde zu einer spürbaren
Erhöhung der Neuinvestitionen führen." Max: „Da habe ich,
ehrlich gesagt, meine Zweifel." Johann: „Dann beweisen Sie mir
doch das Gegenteil!"

Johann versucht eindeutig, die Beweislast zu verschieben.
Das ist eine sehr beliebte Taktik, um sich der Begründungs-
pflicht zu entledigen. Es wäre nun ein Fehler, wenn Max sich
die Beweislast aufbürden ließe. Damit würde er sich sofort in
der Defensive befinden. Wenn es ihm nicht gelingt, wirklich
starke Argumente zu liefern, könnte Johann das gnadenlos
ausnützen. Aber Max erkennt die Taktik und gibt deshalb
folgende Antwort:

Beispiel (Fortsetzung)

 Max: „Die Beweislast liegt auf Ihrer Seite, Johann. Sie haben
behauptet, dass die geplante Steuerreform zu einer spürbaren
Erhöhung der Neuinvestitionen führt. Wie begründen Sie denn
Ihren Standpunkt?"

FullPower-Argumente: Die Kraft der logischen Beweise

Die stichhaltigste Argumentationsform ist der logische Beweis, er ist stets gültig und keine zusätzliche Information kann ihn außer Kraft setzen.

In diesem Kapitel erfahren Sie,

- wie FullPower-Argumente aufgebaut sind und wann sie eingesetzt werden können,
- welche FullPower-Argumente es gibt, wie sie funktionieren und wie sie in der Praxis aussehen.

Das absolut stichhaltige Argument

Die stärkste Form von Argumenten, die Sie nutzen können, sind logische Beweise, oder wie wir sie in diesem Buch nennen, FullPower-Argumente. FullPower-Argumente stützen die Konklusion hundertprozentig. Das heißt: In einem FullPower-Argument ist es logisch unmöglich, dass die Konklusion falsch ist, wenn die Prämissen wahr sind. Anders ausgedrückt: Wenn die Prämissen wahr sind, dann muss die Konklusion wahr sein. Das ist das entscheidende Kriterium für ein FullPower-Argument. Hier gleich ein klassisches Beispiel (das Lieblingsbeispiel in Logik-Büchern) für ein FullPower-Argument:

Alle Menschen sind sterblich.

Sokrates ist ein Mensch.

_____

Daher: Sokrates ist sterblich.

In diesem Argument können wir erkennen, dass die Konklusion irgendwie in den Prämissen „steckt". Was heißt das? Die erste Prämisse ist eine strikte Verallgemeinerung. Sie gibt uns die Information, dass alle Exemplare einer bestimmten Menge – hier der Menge der Menschen – sterblich sind. Die zweite Prämisse gibt uns die Auskunft, dass Sokrates zu dieser Menge der Menschen gehört. Die Konklusion fügt nun die Informationen zusammen, die uns in den beiden Prämissen getrennt gegeben werden. Durch die Konklusion wird somit kein neuer Bedeutungsinhalt eingeführt, der nicht schon in den Prämissen enthalten wäre. Die Konklusion lässt sich auf rein logischem Wege aus den Prämissen ableiten. Diese Ableitung fördert eine Information zu Tage, die in den Prämissen schon enthalten ist. Insofern „steckt" die Konklusion in den Prämissen. Kurz: wenn die Prämissen wahr sind, dann muss auch die Konklusion wahr sein.

Was bringen FullPower-Argumente?

Was haben FullPower-Argumente dann für einen Sinn, wenn sie uns im Grunde keine neuen Informationen liefern? Es würde doch genügen, einfach die Prämissen eines Arguments anzuführen und dem Hörer die Konklusion selbst zu überlassen. Leider genügt das in vielen Fällen gerade nicht. Denn zum einen ist nicht immer so deutlich, dass die Konklusion auf rein logischem Weg aus den Prämissen folgt. Zum andern liefert uns die Konklusion oft eine neue Information, weil wir einfach nicht erkannt haben, inwiefern diese Konklusion schon in den Prämissen enthalten ist. Das ist besonders dann der Fall, wenn die Argumente nicht eine so einfache Struktur haben wie unser „Sokrates-Beispiel", sondern komplexer sind – wie im Folgenden:

Beispiel

 Der Geschäftsführer der MT Company argumentiert vor dem Leitungskreis: „Nur wenn wir es schaffen, dass alle Abteilungen intensiv zusammenarbeiten, werden wir unser Jahresziel, den Umsatz um 10 % zu steigern, erreichen können. Wenn wir dieses Umsatzziel nicht erreichen, kann es sein, dass unsere Geldgeber uns kein frisches Kapital für die Investitionen nächstes Jahr bereitstellen. Wir sollten also damit rechnen, dass wir nächstes Jahr kein frisches Kapital haben, wenn wir die Zusammenarbeit nicht entscheidend verbessern."

Dieses Argument ist schon wesentlich komplexer; seine Struktur ist auf Anhieb nicht leicht zu erkennen. Es ist ein FullPower-Argument und hat folgende gültige Form:

Wenn wir es nicht schaffen, dass alle Abteilungen intensiv zusammenarbeiten, werden wir unser Umsatzziel nicht erreichen.

Wenn wir unser Umsatzziel nicht erreichen, werden unsere Kapitalgeber uns möglicherweise kein frisches Kapital für unsere Investitionen zur Verfügung stellen.

Daher: Wenn die Zusammenarbeit nicht wirklich entscheidend verbessert werden kann, dann müssen wir damit rechnen, dass wir kein frisches Kapital bekommen.

Dieses Argument ist ein logischer Beweis. Es hat die Form einer sogenannten Schlusskette. Wie Schlussketten genau funktionieren, erklären wir im Kapitel „Elegante Schlussketten", Seite 73. Im Moment dient uns das Beispiel nur zur Illustration des Sachverhaltes, dass komplexere FullPower-Argumente ihre Struktur nicht so leicht offenbaren.

FullPower-Argumente sind immer gültig. Sie verlieren ihre Gültigkeit nicht, wenn zusätzliche Informationen eingefügt werden. Wenn wir im „Sokrates-Beispiel" noch die Prämissen hinzunehmen würden: „Sokrates ist ein griechischer Philosoph." und „Viele Menschen sind Autofahrer.", so ändert sich dadurch nichts an der Gültigkeit des Arguments. Das ist wichtig; wir werden nämlich später bei High- und Low-Power-Argumenten sehen, dass dort zusätzliche Informationen sehr wohl die Korrektheit des Arguments beeinflussen können.

So markieren Sie FullPowerArgumente

Es gibt einige sprachliche Signale für FullPower-Argumente. Zu diesen Signalen gehören Ausdrücke wie

- muss,
- notwendigerweise,
- daraus folgt zwingend,
- daraus lässt sich ableiten,
- daher muss es der Fall sein,
- mit Sicherheit,
- unvermeidlich.

Wir werden Ihnen jetzt einige Formen von FullPower-Argumenten vorstellen. Diese Argumentformen sind sehr nützlich, wenn man seine Argumentation absolut wasser-dicht machen möchte. Bei der Anwendung dieser Argument-formen sollten Sie darauf achten, dass der Gesprächspartner auch erkennt, dass es sich bei Ihrem Argument um einen logischen Beweis handelt. Denn das unterstützt auch die psychologische Überzeugungskraft von FullPower-Argumen-ten. Am besten erreichen Sie das dadurch, dass Sie die Struk-tur des Arguments deutlich machen und klassische Signal-wörter (aus unserer Liste) benutzen, die andeuten, dass es sich um ein FullPower-Argument handelt.

Bedingungsbestätigung und Konsequenzverneinung

In FullPower-Argumenten kommt immer wieder eine wichtige Aussageart vor, die sogenannte Wenn-dann-Aussage. Es ist hilfreich, wenn wir uns kurz mit dieser Aussageart beschäftigen. Denn es gibt ein paar interessante Dinge darüber zu erfahren, die wir uns normalerweise nicht bewusst machen. Im Anschluss daran werden wir sehen, wie man Wenn-dann-Aussagen wirkungsvoll in FullPower-Argumenten einsetzen kann.

Eine Wenn-dann-Aussage besteht aus zwei Teilen, einem Wenn-Teil und einem Dann-Teil. Der Wenn-Teil heißt auch Antecedens (oder Bedingungsteil), und der Dann-Teil heißt Konsequens (oder Konsequenz-Teil). Im Wenn-Teil wird eine Bedingung beschrieben, die, wenn sie erfüllt ist, dazu führt, dass das, was im Dann-Teil beschrieben wird, eintritt. Allgemein haben solche Aussagen die Form:

Wenn A, dann B

Die Buchstaben „A" und „B" stehen für beliebige Aussagen, die wir in dieses Schema einsetzen können. Typische Beispiele für Wenn-dann-Aussagen sind:

Beispiele

Wenn die Zinsen steigen, dann sinken die Aktienkurse.

Wenn heute Dienstag ist, dann ist morgen Mittwoch.

Wenn er nicht zurückruft, dann hat er kein Interesse.

Wenn ich die Butter in die Sonne lege, dann schmilzt sie.

Wenn die Nationalmannschaft noch zwei Spiele gewinnt, dann wird sie Weltmeister.

Wir benutzen Wenn-dann-Aussagen, um verschiedene Arten von Beziehungen auszudrücken, die zwischen dem Bedingungsteil und dem Konsequenzteil bestehen. Das kann eine logische Beziehung sein. Zum Beispiel: „Wenn die Zahl 2 mit der Zahl 5 multipliziert wird, dann ergibt das die Zahl 10." Das kann auch eine definitorische Beziehung sein. Zum Beispiel: „Wenn Max ein Junggeselle ist, dann ist er unverheiratet." Oder eine Regel kann beschrieben werden. Zum Beispiel: „Wenn du den König schachmatt setzen willst, dann musst du die Dame ziehen."

Hinreichende und notwendige Bedingungen

Meistens benutzen wir Wenn-dann-Aussagen aber, um Kausalbeziehungen auszudrücken. Die im Wenn-Teil beschriebene Bedingung ist dann die Ursache für das Ereignis oder die Tatsache, die im Konsequenz-Teil beschrieben wird. Das können wir auch so ausdrücken:

In der Aussage „wenn A, dann B" ist A eine hinreichende Bedingung für das Eintreten von Ereignis B.

Nehmen wir als Beispiel den Wenn-dann-Satz „Wenn die Zinsen steigen, dann sinken die Aktienkurse". Das Steigen der Zinsen ist eine hinreichende Bedingung dafür, dass die Aktienkurse sinken. Allerdings ist das Steigen der Zinsen nicht der einzige Grund dafür, dass die Aktienkurse sinken können. Es trifft also nicht zu, dass die Aktienkurse nur sinken, wenn die Zinsen steigen. Anders ausgedrückt: Das Steigen der Zinsen ist keine notwendige Bedingung dafür, dass die Aktienkurse sinken.

Was wäre ein Beispiel für eine notwendige Bedingung?

„Nur wenn es mehr Verkäufer als Käufer gibt, dann sinken die Aktienkurse." Dass es mehr Verkäufer als Käufer gibt, ist eine notwendige Bedingung dafür, dass die Aktienkurse sinken.

Ein anderes Beispiel:

„Nur wenn wir uns heute über den Preis einigen, kann morgen das Projekt beginnen."

Ohne eine Einigung über den Preis kann also das Projekt nicht starten. Die Einigung ist eine notwendige Bedingung. Diese Aussage hat die gleiche Bedeutung wie die folgende:

„Wenn wir uns heute über den Preis nicht einigen, können wir morgen mit dem Projekt nicht beginnen."

Dieser Satz hat die Form

Wenn nicht A, dann nicht B

Ein Wenn-dann-Satz dieser Form formuliert also eine notwendige Bedingung. A ist eine notwendige Bedingung für das Eintreten von B, und wenn A nicht der Fall ist, dann ist auch B nicht der Fall.

Exkurs: Übrigens lassen sich Wenn-dann-Sätze auf überraschende Weise umkehren, ohne dass sich dadurch die Bedeutung ändert: Der Satz „Wenn A, dann B" kann umgekehrt werden zu „Wenn nicht B, dann nicht A" „Wenn die Zinsen steigen, dann sinken die Aktienkurse" kann umgekehrt werden zu „Wenn die Aktienkurse nicht sinken, dann steigen auch die Zinsen nicht". Dieser Satz ist wiederum gleichbedeutend mit „Nur wenn die Aktienkurse sinken, dann steigen die Zinsen." Das Sinken der Aktienkurse ist somit eine notwendige Bedingung für das Steigen der Zinsen.

Wenn-dann-Aussagen kommen in unserer Alltagssprache in unterschiedlicher Form vor. Zum Beispiel kann die Aussage „Wenn wir zügig die Umstrukturierungen vornehmen, dann werden wir wettbewerbsfähiger" auch so formuliert werden:

- Erste Variante: Wir werden wettbewerbsfähiger, wenn wir zügig die Umstrukturierungen vornehmen.
- Zweite Variante: Sollten wir die Umstrukturierungen zügig vornehmen, werden wir auch wettbewerbsfähiger.
- Dritte Variante: Durch die zügigen Umstrukturierungen werden wir wettbewerbsfähiger.

In der letzten Variante scheint überhaupt kein „wenn-dann" mehr vorzukommen. Aber das ist nur oberflächlich betrachtet so. In Wirklichkeit geht es um eine Kausalbeziehung, und das

können wir auch immer durch einen Wenn-dann-Satz ausdrücken.

Argument der Bedingungsbestätigung

Wir erläutern diese Argumentform anhand eines Beispiels.

Beispiel

 Rita und Hans sind ziemlich nervös. Es ist ihr Hochzeitstag und
das Hochzeitsauto fehlt, weil Georg noch nicht aufgetaucht ist.
Lisa, Ritas beste Freundin, beruhigt die beiden: „Wenn Georg
etwas verspricht, dann hält er es auch. Gestern hat er noch zu
allen gesagt, dass er pünktlich mit dem Auto hier sein wird. Er
taucht daher bestimmt gleich auf. Macht Euch keine Sorgen!"

Lisa benutzt ein FullPower-Argument, um Hans und Rita
davon zu überzeugen, dass sie sich keine Sorgen zu machen
brauchen. Ihre Konklusion ist, dass Georg mit Sicherheit
gleich auftaucht. Die Prämissen, die sie benutzt, sind:

1 Wenn Georg etwas verspricht, dann hält er es auch.
2 Georg hat gestern zu allen gesagt, dass er pünktlich erscheinen werde.

Das von Lisa benutzte Argument heißt „Argument der hinreichenden Bedingung" oder Argument der Bedingungsbestätigung. Es hat folgende Form:

Wenn A, dann B

A
_____

Daher: B

Woher kommt dieser seltsame Name, „Argument der Bedingungbestätigung"? Sehen Sie sich unser Schema bitte noch einmal genauer an. Da wird in der ersten Prämisse eine Wenn-dann-Aussage formuliert. Die zweite Prämisse besagt, dass die Bedingung (Wenn-Teil) des Wenn-dann-Satzes der Fall ist. Die zweite Prämisse bejaht oder bestätigt also den Wenn-Teil der ersten Prämisse. Aus dieser Bestätigung der Bedingung kann man schließen, dass auch der Dann-Teil, also die Konsequenz, der Fall sein muss. Daher also der Name Argument der Bedingungsbestätigung. Dieses Argument ist immer gültig, egal was wir für „A" und „B" einsetzen. Lisas Argument könnten wir so darstellen:

Wenn Georg etwas verspricht, dann hält er es auch.

Georg hat gestern zu allen gesagt, dass er pünktlich erscheinen werde. (Er hat also etwas versprochen.)

Daher: Georg wird bestimmt pünktlich erscheinen. (Er hält, was er verspricht.)

Im folgenden Beispiel ist das Schema noch deutlicher zu erkennen:

Wenn der FC Barcelona das nächste Spiel nicht verliert, steht er im Finale der Champions League.

Der FC Barcelona verliert nicht.

Daher: Der FC Barcelona steht im Finale der Championsleague.

Dieses Argument ist nach unserem Schema gebildet worden. Für „A" wurde die Aussage „Der FC Barcelona verliert das nächste Spiel nicht" und für „B" wurde die Aussage „Der FC Barcelona steht im Finale der Championsleague" eingesetzt. Die erste Prämisse sagt aus, dass, wenn der FC Barcelona das nächste Spiel nicht verliert, er im Finale der Championsleague steht. Zusammen mit der zweiten Prämisse (der FC Barcelona verliert das nächste Spiel nicht) kann daraus abgeleitet werden, dass der FC Barcelona im Finale steht.

Auch folgendes Beispiel stellt ein – umgangssprachlich formuliertes – Argument der Bedingungsbestätigung dar.

Beispiel

 Cornelia zu ihrer Kollegin: „Wenn Meier den Vertrag unterzeichnet, dann ist unsere Auftragslage für dieses Jahr gerettet. Alles deutet darauf hin, dass er morgen unterschreibt. Damit sind wir für dieses Jahr aus dem Schneider."

Cornelias Argument können wir nach dem Schema eines Arguments der Bedingungsbestätigung darstellen:

Wenn Meier den Vertrag unterzeichnet, dann ist unsere Auftragslage für dieses Jahr gerettet.

Alles deutet darauf hin, dass er morgen unterschreibt.

Daher: Wir sind für dieses Jahr aus dem Schneider. (Das heißt: Die Auftragslage ist gerettet.)

Argumentieren in der Praxis

Ein Argument der Bedingungsbestätigung setzen Sie ein, wenn Sie klarmachen möchten, dass ein Ereignis mit Sicherheit ein anderes zur Folge haben wird. Sie benutzen es also, wenn Sie auf bestimmte Folgen aufmerksam machen möchten. Sie formulieren dazu erst den Wenn-dann-Satz, erklären, dass die Bedingung der Fall ist und leiten daraus den Konsequenzteil als Folge ab. Natürlich hängt die Überzeugungskraft Ihres Arguments der Bedingungsbestätigung davon ab, wie plausibel Ihre Prämissen sind. Insbesondere ist die Prämisse wichtig, die als Wenn-dann-Aussage formuliert wird. Sie sollten daher genau prüfen, ob die in der Wenn-dann-Aussage formulierte Beziehung wirklich gilt.

Argument der Konsequenzverneinung

Ähnlich funktioniert das Argument der Konsequenzverneinung, das der Trainer des FC Unterbach im folgenden Beispiel anwendet.

Beispiel

In der Kabine des FC Unterbach herrscht gespannte Konzentration. Das Lokalderby gegen den SV Oberbach ist jedes Jahr der Höhepunkt im Fußballerleben der Unterbacher. Würde man die Oberbacher nach zehn Jahren endlich besiegen können? Die letzten Feinheiten der Mannschaftsaufstellung werden besprochen. „Die Oberbacher werden wieder mit einer sehr offensiven Aufstellung spielen. Wie in den letzten Jahren", erklärt Kurt, der Tormann. Doch der Trainer meint: „Das glaube ich nicht. Die werden sich hinten reinstellen und auf Konter lauern. Wenn die Oberbacher offensiv ausgerichtet wären, würden Sie mit mehr als einem Angreifer spielen. Ich habe gerade gehört, dass sie nur eine echte Spitze haben."

Der Trainer der Unterbacher benutzt ein FullPower-Argument. Es hat den Namen Argument der notwendigen Bedingung oder Argument der Konsequenzverneinung. Die Konklusion des Trainers ist, dass die Oberbacher sich im heutigen Spiel hinten reinstellen und auf Konter lauern werden. Seine Prämissen lauten: 1. Wenn die Oberbacher wirklich offensiv ausgerichtet wären, würden Sie mit mehr als einem Angreifer spielen. 2. Die Oberbacher spielen nur mit einer echten Spitze. Das Nein-zur-Konsequenz-Argument hat folgende Form:

Wenn A, dann B

nicht B

Daher: nicht A

Raten Sie mal, wie hier der Name „Konsequenzverneinung" wohl zustande kommt? Auch das Argument der Konsequenzverneinung ist ein logisch gültiges FullPower-Argument. Das Argument des Unterbacher Trainers können wir in diesem Schema abbilden:

Wenn die Oberbacher wirklich offensiv ausgerichtet wären, würden Sie mit mehr als einem Angreifer spielen.

Die Oberbacher spielen nur mit einer echten Spitze. (Das heißt, sie spielen nicht mit mehr als einem Angreifer.)

Daher: Die Oberbacher stellen sich hinten rein und lauern auf Konter. (Die Oberbacher sind nicht offensiv ausgerichtet.)

Um dieses Argumentschema noch deutlicher zu unterstreichen, hier ein weiteres Beispiel.

> Wenn die Steuereinnahmen ansteigen, dann kann der Staat mehr ausgeben.
> Der Staat kann nicht mehr ausgeben.
>
> ───────────────────────────────
>
> Daher: Die Steuereinnahmen sind nicht angestiegen.

Dieses Argument ist nach dem Schema für Argumente der Konsequenzverneinung gebildet. Die erste Prämisse besagt, dass, wenn die Steuereinnahmen ansteigen, der Staat mehr ausgeben kann. Die zweite Prämisse klärt uns darüber auf, dass der Staat nicht mehr ausgeben kann. Zusammen mit der ersten Prämisse kann daraus nur folgen, dass die Steuereinnahmen nicht angestiegen sind.

Beispiel

Konrad bei einer Besprechung in seinem Team: „Offensichtlich fehlen noch einige Daten und Fakten. Denn wenn alle Daten auf dem Tisch wären, würde Meier auch unterschreiben. Aber er hat mir gegenüber geäußert, dass er noch nicht bereit ist zu unterschreiben."

Wie sieht Konrads Argument, schematisch dargestellt, genau aus?

Wenn alle Daten auf dem Tisch wären, würde Meier auch unterschreiben.

Meier ist noch nicht bereit zu unterschreiben. (Das hat er mir gegenüber geäußert.)

Daher: Es fehlen noch Daten und Fakten.

Konrads erste Prämisse ist eine Wenn-dann-Aussage. In der zweiten Prämisse verneint er den Konsequenzteil der Wenn-dann-Aussage. Zusammen mit der ersten Prämisse kann daraus die verneinte Form des Bedingungsteils abgeleitet werden.

Im folgenden Fall haben wir ein noch verzwickteres Beispiel für ein Argument der Konsequenzverneinung gefunden. Können Sie in diesem Beispiel das Argument der Konsequenzverneinung rekonstruieren? Eine Auflösung dieses Beispiels finden Sie am Ende des Kapitels, S. 68.

Beispiel

 In einem Zeitungsbericht geht es um einen Fall, in dem ein Landtagsabgeordneter einer Straftat beschuldigt wird: „Der Staatsanwalt erklärte, dass im Moment nur noch die Aufhebung der Immunität Probleme bereite. Das heißt, es muss gegen den Abgeordneten ein Ermittlungsverfahren eingeleitet worden sein. Denn die Immunität wird nur aufgehoben, wenn der begründete Verdacht einer Straftat vorliegt."

Argumentieren in der Praxis

Argumente der Konsequenzverneinung können Sie am besten einsetzen, wenn Sie eine bestimmte Aussage als Möglichkeit ausschließen oder widerlegen möchten.

Leitfaden: Argument zur Konsequenzverneinung

 1 Sie zeigen, dass, wenn die Aussage zutreffen würde, eine andere Sache daraus folgen müsste (Konsequenzteil der Wenn-dann-Aussage).

 2 Dann weisen Sie darauf hin, dass diese Sache nicht vorliegt.

3 Daraus schließen Sie letztendlich, dass die ursprüngliche Aussage nicht zutreffen kann.

Der Unterbacher Trainer schloss auf diese Weise aus, dass die Oberbacher eine offensive Aufstellung wählen werden.

Sollbruchstelle Ihres Arguments zur Konsequenzverneinung ist natürlich wieder die entscheidende Prämisse, die als Wenn-dann-Aussage formuliert ist. Sie sollte plausibel sein.

Zwei logische Fehlschlüsse

Mit diesen beiden Argumentformen (Bedingungsbestätigung, Konsequenzverneinung) sind auch zwei wichtige logische Fehlschlüsse verbunden. Diese Fehlschlüsse sehen ähnlich aus wie die gerade betrachteten FullPower-Argumente. Der erste Fehlschluss entsteht, wenn man hinreichende mit notwendigen Bedingungen verwechselt oder wenn man die Bedingung verneint. Deshalb nennen wir diesen Fehlschluss auch Fehlschluss der Bedingungsverneinung. Er hat folgende Gestalt:

Wenn A, dann B

nicht A

Daher: nicht B

Diesen Fehlschluss können wir an unserem Fussballbeispiel illustrieren. Zuvor möchten wir Ihnen ein paar Erläuterungen geben, falls Sie kein Fussballexperte sind. Das wird Ihnen helfen, das Beispiel besser zu verstehen: Die Championsleague ist der wichtigste europäische Fussballwettbewerb. Dabei kommt es nach einer Gruppenphase, bei der die beiden Erstplatzierten weiterkommen, zu einer K.-o.-Phase mit Hin- und Rückspielen – und zwar bis zum Halbfinale. Wer aus Hin- und Rückspiel das beste Ergebnis erzielt, kommt eine Runde weiter. Damit zu unserem Beispiel:

Wenn der FC Barcelona das nächste Spiel gewinnt, dann steht er im Finale der Championsleague.

Der FC Barcelona gewinnt das nächste Spiel nicht.

Daher: Der FC Barcelona steht nicht im Finale der Championsleague.

Diese Konklusion folgt nicht zwingend aus den Prämissen. Es könnte nämlich der Fall sein, dass die Prämissen zwar wahr sind, der FC Barcelona aber dennoch ins Finale der Championsleague einzieht. Dieser Fall könnte dann eintreten, wenn es sich bei dem nächsten Spiel um ein Rückspiel handelt und der FC Barcelona das Hinspiel bereits gewonnen hatte. Dann reicht im Rückspiel nämlich auch ein Unentschieden oder sogar eine Niederlage, wenn der FC Barcelona in der Gesamtaddition besser da steht.

Was ist schiefgelaufen? Dieses Argument ist ein Fehlschluss, weil man für ein bestimmtes Ereignis nur eine einzige Ursache identifiziert. Man übersieht dabei, dass es mehrere Möglichkeiten geben kann, warum ein Ereignis eintritt. In diesem fehlerhaften Argument ist man nur auf eine Ursache fixiert.

Dieser Fehlschluss wird manchmal begangen, wenn man Pläne für die Zukunft schmiedet. Dabei glaubt man, dass man nur einige Dinge zu ändern braucht, die negative Folgen haben, um ein vermeintlich angenehmes Resultat zu erzielen:

Beispiel

 Ludwig überlegt, wie er sein Leben gesünder gestalten könnte: „Rauchen und Alkohol verkürzen meine Lebensspanne. Das steht fest. Ich sollte also einfach zu rauchen und zu trinken aufhören. Dann verlängere ich dadurch zwangsläufig mein Leben."

Ludwig begeht leider einen Denkfehler. Wenn er zu rauchen und zu trinken aufhört, folgt daraus nicht zwingend, dass er sein Leben verlängert. Schon morgen könnte ihn ein Meteorit treffen. Ludwig unterläuft in diesem Beispiel der Nein-zur-Bedingung-Fehlschluss. Wir können ihn schematisch rekonstruieren:

Wenn ich rauche und trinke, dann verkürze ich meine Lebensspanne.

Ich werde einfach zu rauchen und zu trinken aufhören.

Daher: Ich verlängere zwangsläufig mein Leben.

Auch im folgenden Beispiel können wir den Fehlschluss wiederentdecken:

Beispiel

 Egon zu seinem Freund: „Wenn wir die vielen gesetzlichen Bestimmungen beibehalten, hindern wir Unternehmen an Neuinvestitionen. Werfen wir die ganzen Gesetze doch über Bord! Unsere Unternehmen werden dann mit Sicherheit investieren."

Auch Egons Argumentation ist fehlerhaft und folgt dem Schema des Fehlschlusses der Bedingungverneinung:

Wenn wir die vielen gesetzlichen Bestimmungen beibehalten, hindern wir Unternehmen an Neuinvestitionen.

Wir werfen die Gesetze über Bord. (Verneinung des Bedingungsteils)

Daher: Unsere Unternehmen werden mit Sicherheit investieren.

Die Konklusion, dass die Unternehmen investieren werden, ergibt sich nicht zwingend aus den Prämissen. Denn obwohl die Prämissen alle wahr sein können, könnte es eine weitere Ursache geben, die Unternehmen daran hindert zu investieren. Zum Beispiel könnte eine allgemeine Wirtschaftskrise erwartet werden.

Der Fehlschluss der Bedingungsverneinung wird gern eingesetzt, wenn man Veränderungen verhindern möchte und für den Status quo plädiert. Das Publikum wird den Fehlschluss gar nicht bemerken, weil es zu sehr damit beschäftigt ist, sich die schlimmen Konsequenzen auszumalen, die der Argumentierende aufzeigt. Das möchte Helmut im nächsten Beispiel ausnutzen.

Beispiel

 Helmut ist gegen eine geplante Umstrukturierung des Unternehmens, in dem er beschäftigt ist. Er äußert vor Kollegen: „Wenn die neue Restrukturierung kommt, dann werden, wie schon in vielen anderen Unternehmen, Hunderte von Kollegen ihren Arbeitsplatz verlieren. Wir sollten die Umstrukturierungsmaßnahmen verhindern und so alle unsere Arbeitsplätze sichern."

Mag sein, dass Helmut seine Meinung durchsetzt und das ganze Unternehmen – ohne die Umstrukturierung – nach 12 Monaten schließen muss. Fehlschlüsse können unangenehme Konsequenzen haben!

Neben dem beschriebenen Fehlschluss der Bedingungsverneinung gibt es einen zweiten logischen Fehlschluss, den man häufig antreffen kann. Dieser entsteht, wenn man notwendige mit hinreichenden Bedingungen verwechselt, das heißt, wenn man die Konsequenz bejaht. Deshalb nennen wir ihn Fehlschluss der Konsequenzbestätigung. Er hat folgende Gestalt:

Wenn A, dann B

B

Daher: A

Zur Veranschaulichung betrachten wir wieder unser Fussball-Beispiel:

Wenn der FC Barcelona das nächste Spiel gewinnt, dann steht er im Finale der Championsleague.

Der FC Barcelona steht im Finale der Championsleague.

Daher: Der FC Barcelona hat das letzte Spiel gewonnen.

Auch in diesem Beispiel kann die Konklusion falsch sein, obwohl die Prämissen wahr sind. Der FC Barcelona kann ins Finale einziehen, obwohl er das letzte Spiel nicht gewonnen hat – einfach weil er in der Gesamtaddition der Ergebnisse aus Hin- und Rückspiel besser abschneidet als die gegnerische Mannschaft. Dieses Beispiel ist also kein FullPower-Argument. Es ist logisch möglich, dass die Konklusion falsch ist, obwohl die Prämissen wahr sind. In diesem Fehlschluss wird übersehen, dass ein Ereignis mehr als eine Ursache haben kann. Der Fehlschluss wird manchmal auf geschickte Weise angewendet, wenn man jemandem unlautere Motive unterstellen möchte – so wie Lothar in unserem nächsten Fall.

Beispiel

 Lothar zu seinem Anwalt: „Maria ist nur auf das Erbe aus. Wir wissen ja, wie Leute sich verhalten, wenn sie scharf auf Geld sind. Und haben Sie gesehen, wie Maria sich gleich auf die chinesische Vase gestürzt hat?"

In diesem Fall ist der Ja-zur-Konsequenz-Fehlschluss ziemlich gut versteckt. Wir rekonstruieren ihn auf folgende Weise:

Wenn Leute scharf auf Geld sind, dann zeigen sie bestimmte, uns allen bekannte Verhaltensweisen.

Maria zeigt solche Verhaltensweisen. (Sie stürzte sich auf die chinesische Vase.)

Daher: Maria ist nur auf das Geld und damit auf das Erbe aus.

Aber aus den Prämissen folgt nicht zwingend, dass Maria nur auf das Geld und das Erbe aus ist. Vielleicht stellt die chinesische Vase für Maria nur ein sehr kostbares Erinnerungsstück dar.

Zum Schluss dieses Abschnitts wollen wir Ihnen noch einmal übersichtlich die zwei gültigen Argumentformen sowie die zwei besprochenen logischen Fehlschlüsse in einer Tabelle darstellen.

Gültige Argumentformen	
Argument der Bedingungsbestätigung	**Argument der Konsequenzverneinung**
Wenn A, dann B	Wenn A, dann B
A	Nicht B
B	Nicht A

Logische Fehlschlüsse	
Fehlschluss der Bedingungsverneinung	**Fehlschluss der Konsequenzbestätigung**
Wenn A, dann B	Wenn A, dann B
Nicht A	B
Nicht B	A

Zum Schluss noch die Auflösung zum Beispiel auf Seite 60:

In diesem Beispiel steckt ein Argument der Konsequenzverneinung. Die Konklusion ist die Aussage „Gegen den Abgeordneten muss ein Ermittlungsverfahren eingeleitet worden sein." Die erste Prämisse lautet: „Im Moment bereitet nur noch die Aufhebung der Immunität Probleme." Die zweite Prämisse besagt: „Die Immunität wird nur aufgehoben, wenn der begründete Verdacht einer Straftat besteht."

Diese zweite Prämisse ist der Ankerpunkt des Arguments. Um sie genauer zu verstehen, müssen wir sie etwas umformulieren: „Nur wenn der begründete Verdacht einer Straftat besteht, wird die Immunität aufgehoben." Dieser Satz ist bedeutungsgleich mit folgendem: „Wenn kein begründeter Verdacht einer Straftat besteht, wird auch die Immunität nicht aufgehoben." Jetzt haben wir die Prämisse in einer Form, die in das Schema passt:

Wenn kein begründeter Verdacht einer Straftat besteht, wird auch die Immunität nicht aufgehoben.

Im Moment bereitet nur noch die Aufhebung der Immunität Probleme. (Es wird also angedeutet, dass die Immunität aufgehoben wird; Verneinung des Konsequenzteils.)

Daher: Es besteht ein begründeter Verdacht einer Straftat. (Das heißt, es muss ein Ermittlungsverfahren eingeleitet worden sein.)

Das Entweder-oder-Argument

In einigen Situationen werden uns Alternativen vorgestellt, aus denen wir auswählen können. In solchen Situationen finden oft Entweder-oder-Argumente Anwendung.

Beispiel

Die Anapurna-Expedition schien unmittelbar vor dem Aus zu stehen. Seit drei Tagen hing man fest, weil das katastrophale Wetter ein Weitergehen unmöglich machte. Was tun? Bob war der erfahrenste unter den zehn Expeditionsteilnehmern, seine Meinung war gefragt. „Ich glaube, wir haben im Grunde nur zwei Möglichkeiten", sagte Bob, „entweder wir warten bis das Wetter besser wird, oder wir kehren um. Da nicht zu erwarten ist, dass sich das Wetter in den nächsten Tagen entscheidend verbessert, sollten wir umkehren und die Expedition abbrechen."

Bob wählt ein solches Entweder-oder-Argument, um seine Kameraden davon zu überzeugen, umzukehren und die Expedition abzubrechen. Entweder-oder-Argumente sind Full-Power-Argumente. Sie haben folgende logische Form:

Entweder A, oder B

nicht A

Daher: B

oder:

Entweder A oder B

nicht B

Daher: A

Bobs Argument für den Abbruch der Expedition können wir in diesem Schema darstellen:

Entweder wir warten bis das Wetter besser wird, oder wir kehren um.

Es ist nicht zu erwarten, dass sich das Wetter in den nächsten Tagen entscheidend verbessert.

Daher: Wir sollten umkehren und die Expedition abbrechen.

Entweder-oder-Argumente sind gute Instrumente, wenn man eine Situation oder Handlungsalternativen präzise darstellen möchte. Bob hat dies in seinem Argument getan. Er hat klar beschrieben, welche prinzipiellen Möglichkeiten dem Expeditionsteam zur Verfügung stehen. Er sah nur zwei Alternativen als Lösungsmöglichkeiten für die Situation des Teams, und da die erste Handlungsoption nicht in Frage kam, blieb zwangsläufig nur die zweite übrig.

Entweder-oder-Argumente sind zwar FullPower-Argumente, aber manchmal wird der Fehler begangen, dass zu wenige Alternativen ausgewählt werden. Gibt es beispielsweise im Fall unserer Anapurna-Expedition keine weitere Alternative neben den angebotenen? Wäre es vielleicht möglich, die Expedition zu verlängern und besseres Wetter abzuwarten?

Die Entweder-oder-Prämisse trägt also ein großes Gewicht. Bei der Prüfung dieses Arguments sollte man daher fragen, ob es nicht noch weitere Optionen gibt, ob also wirklich alle Alternativen ausgeschöpft wurden. Entweder-oder-Argumente bergen die Gefahr des Schwarz-Weiß-Denkens. Sie können das eigene Denken blockieren. Genau das passiert im folgenden Fall.

Beispiel

 Herbert arbeitet in der Vertriebsabteilung der Baldwin AG, die Büromöbel produziert. Er kommt mit den Leuten in seiner Abteilung nicht besonders gut zurecht. Viele halten ihn für einen Eigenbrötler und Sonderling. Irene, eine Gruppenleiterin, unterhält sich mit Eva, der Vertriebsleiterin, über Herbert. Irene sagt: „Wir haben der Sache mit Herbert, glaube ich, lange genug zugesehen. Wir sollten da eine Entscheidung treffen. Ich sehe eigentlich nur zwei Möglichkeiten. Entweder er integriert sich ins Team, oder er sollte das Unternehmen verlassen. Da ich mir überhaupt nicht vorstellen kann, dass Herbert sich je in das Team einfügen wird, sollten wir ihm nahelegen, aus unserem Unternehmen auszuscheiden."

Irene benutzt ein Entweder-oder-Argument, um Eva davon zu überzeugen, Herbert zu entlassen. Der Form nach ist Irenes Argument logisch gültig. Der Schwachpunkt liegt in der entscheidenden Entweder-oder-Prämisse. Gibt es für Herbert wirklich nur die beiden von Irene genannten Alternativen? Wäre nicht auch die Möglichkeit vorstellbar, Herbert eine andere Aufgabe, vielleicht in einer anderen Abteilung, anzubieten? Irenes Argument ist genau an dieser Stelle wackelig und angreifbar.

Argumentieren in der Praxis

Sie können Entweder-oder-Argumente geschickt einsetzen, wenn Sie die Lösungsmöglichkeiten oder Handlungsoptionen für eine Situation präzise erläutern möchten und dabei für eine bestimmte Lösung votieren. Achten Sie jedoch darauf, dass Ihre Entweder-oder-Prämisse die Lösungsalternativen wirklich erschöpfend beschreibt: Stehen wirklich nur die genannten sich ausschließenden Alternativen zur Verfügung? Sind die Möglichkeiten wirklich ausgeschöpft?

Damit ist auch angedeutet, wie Sie Entweder-oder-Argumente im Grunde immer angreifen können. Sie können diese Argumentform testen, indem Sie die zentrale Entweder-oder-Prämisse in Zweifel ziehen.

Elegante Schlussketten

Wenn es um komplexere Zusammenhänge geht, müssen verschiedene Argumente miteinander verknüpft werden – Schlussketten entstehen.

Beispiel

> Asti öffnet die Haustür. Sie ist geschafft von ihrem Arbeitstag. „Jetzt ein bisschen Entspannung", denkt sie. Sie macht es sich auf dem Sofa bequem, greift zur Fernbedienung und schaltet den Fernseher ein. Sie landet mitten in einer Talkshow. Ein Herr im grauen Anzug, Staatssekretär Blaumann – wie der Untertitel sagt – erläutert gerade, warum die neue Klimaschutzpolitik so wichtig sei: „Durch unsere Klimaschutzpolitik entstehen für Unternehmen Anreize, in neue Umwelttechnologien zu investieren. Diese Investitionen werden dazu führen, dass neue Arbeitsplätze geschaffen werden. Unsere Klimaschutzpolitik wird daher dazu beitragen, dass neue Arbeitsplätze geschaffen werden."

Leider hat Asti die Konklusion Herrn Blaumanns, dass die neue Klimaschutzpolitik zu mehr Arbeitsplätzen führen wird, nicht mehr mitbekommen, weil sie in der Zwischenzeit eingeschlafen ist. An der Korrektheit des Arguments von Herrn Blaumann kann dies nicht gelegen haben. Denn Herr Blaumann hat eine gültige Argumentform benutzt, um seine Konklusion zu stützen. Dieser Argumentform geben wir den Namen Schlusskette. Eine Schlusskette ist ein einfaches, aber elegantes FullPower Argument. Es hat folgende Form:

Wenn A, dann B

Wenn B, dann C

Wenn A, dann C

Herrn Blaumanns Argument können wir nach diesem Schema auf folgende Weise rekonstruieren:

Wenn die neue Klimaschutzpolitik eingeführt wird, dann werden Unternehmen in Umwelttechnologien investieren.

Wenn die Unternehmen in Umwelttechnologien investieren, dann werden neue Arbeitsplätze geschaffen.

Daher: Wenn die neue Klimaschutzpolitk eingeführt wird, dann können neue Arbeitsplätze geschaffen werden.

In diesem Argument folgt die Konklusion zwangsläufig aus den Prämissen – sofern die Prämissen als wahr vorausgesetzt werden. Eine Schlusskette dient besonders dazu, Zusammenhänge oder Verknüpfungen herzustellen. Herr Blaumann zum Beispiel nutzt diese Argumentform, um einen Zusammenhang zwischen der Klimaschutzpolitik der Regierung und der Schaffung von Arbeitsplätzen aufzuzeigen. Auch im nächsten Beispiel dient das Argument dazu, einen Zusammenhang klarzumachen:

Beispiel

 Ein Diplomat zum Botschafter: „Wenn wir die Verhandlungen jetzt abbrechen, dann wird es für längere Zeit keinen Kontakt mehr zwischen unseren Staaten geben. Das wird dazu führen, dass wir keinerlei Einfluss mehr auf die Regierung haben. Der Abbruch der Verhandlungen wird uns also jede Möglichkeit nehmen, Einfluss auszuüben."

Der Diplomat benutzt eine Schlusskette, um einen Zusammenhang zwischen dem Abbruch der Verhandlungen und dem Ende des Einflusses auf die fremde Regierung zu verdeutlichen. Dadurch kann der Diplomat veranschaulichen, welche weitreichenden Konsequenzen ein Verhandlungsabbruch haben wird.

Argumentieren in der Praxis

Schlussketten können Sie nutzen, um längere Argumentketten aufzubauen und übersichtlich darzubieten. Diese Argumentform kann Ihnen dabei helfen, interessante Zusammenhänge aufzudecken oder wichtige Konsequenzen aufzuzeigen.

Natürlich ist eine Schlusskette angreifbar, indem einzelne Prämissen bestritten werden. Wenn Sie daher eine Schlusskette benutzen, sollten Sie darauf achten, dass die Beziehungen, die in den Wenn-dann-Sätzen ausgedrückt werden, auch wirklich bestehen.

Das Dilemma

Normalerweise stellen wir uns unter einem Dilemma eine Situation vor, in der jemand zwischen zwei Alternativen, die gleichermaßen unangenehme Folgen haben, wählen muss. Ein Dilemma ist im logischen Argumentieren aber eine gültige Argumentform, ist also ein FullPower Argument.

Beispiel

Franz möchte sich beruflich verändern. Er hat bereits ein konkretes Angebot der Firma SUNPRO, die von Franz rasch eine Antwort wünscht. Franz aber hat Aussicht auf ein noch besseres Angebot der Firma Starlog. Von Starlog jedoch hat er noch nichts gehört. Franz ist unsicher, was er tun soll, und stellt folgende Überlegung an, um seine Situation zu reflektieren: „Entweder nehme ich den Job bei SUNPRO an, oder ich warte auf die Zusage von Starlog. Das sind meine Möglichkeiten. Wenn ich den Job bei SUNPRO annehme, dann verpasse ich möglicherweise das bessere Angebot von Starlog. Wenn ich andererseits auf die Antwort von Starlog warte, dann bekomme ich vielleicht eine Ablehnung, und auch SUNPRO nimmt mich nicht mehr. Also verpasse ich vielleicht ein besseres Angebot, oder ich warte umsonst und habe schließlich gar keinen Job."

Franz befindet sich offensichtlich in einer Dilemmasituation. Die Überlegung, die er anstellt, hat die Form eines logisch gültigen Arguments. Diese Argumentform nennen wir – was Sie kaum überraschen wird – Dilemma. Ein Dilemma hat folgende Gestalt:

Entweder A oder B

Wenn A, dann C

Wenn B, dann D

Daher: Entweder C oder D

Wir können die Überlegung von Franz leicht in Form eines Dilemmas darstellen:

Entweder nehme ich den Job bei SUNPRO an oder ich warte auf die Zusage von Starlog.

Wenn ich den Job bei SUNPRO annehme, dann verpasse ich möglicherweise das bessere Angebot von Starlog.

Wenn ich auf die Antwort von Starlog warte, dann bekomme ich vielleicht eine Ablehnung, und auch SUNPRO nimmt mich nicht mehr.

Daher: Ich verpasse vielleicht ein besseres Angebot, oder ich warte umsonst und habe schließlich gar keinen Job.

Ein Dilemma ist eine geschickte Argumentform, um jemand von etwas abzuhalten. Im folgenden Beispiel versucht Peter seinen Freund davon abzubringen, seinen Job zu kündigen, und wählt dazu die Dilemma-Form.

Beispiel

Klaus ist mit seiner Arbeit unzufrieden und möchte kündigen. Peter, ein guter Freund, versucht ihn davon abzuhalten: „Kündigst du, hast du zwei Möglichkeiten. Entweder du suchst dir wieder eine Arbeit als Angestellter, oder du machst dich selbständig. Wenn du wieder als Angestellter arbeitest, dann wirst du über kurz oder lang wieder in die gleiche Situation wie jetzt geraten. Wenn du dich selbständig machst, wirst du mit so vielen Schwierigkeiten zu kämpfen haben, dass du auch unglücklich wirst. Letztendlich wirst du also nur in die gleiche Situation kommen wie jetzt oder noch unglücklicher werden. Du solltest dich daher lieber mit der gegenwärtigen Situation arrangieren."

Diese in Dilemma-Form vorgebrachten Überlegungen geben Klaus sicher zu denken. Die argumentative Form eines Dilemmas kann aber zum Glück nicht nur dazu verwendet werden, um negative Konsequenzen aufzuzeigen. Sie kann auch benutzt werden, um auf eine Auswahl von positiven Folgen aufmerksam zu machen. Tatsächlich könnte Klaus seinem Freund den Ball wirkungsvoll zurückspielen, indem er selbst ein Argument in Dilemma-Form konstruiert, das positive Konsequenzen enthält. Das könnte so aussehen:

Beispiel

Klaus reagiert auf Peters Argument (obiges Beispiel):

„Du hast recht. Mir bleiben nur die Möglichkeiten, mich selbständig zu machen oder bei einer anderen Firma als Angestellter unterzukommen. Wenn ich wieder als Angestellter in einer Firma arbeite, werde ich bestimmt neue nette Kollegen kennenlernen, und ich werde dadurch glücklicher. Wenn ich mich selbständig mache, werde ich neue anspruchsvolle Herausforderungen entdecken, und ich werde glücklicher. Du siehst, ich werde also in jedem Fall glücklicher."

Wenn Sie wie Klaus ein Dilemma benutzen, um auf positive Konsequenzen oder Vorteile hinzuweisen, dann kann dieses FullPower-Argument ein effektives Mittel sein, um Ihre Idee, Ihren Vorschlag oder Ihr Produkt zu „verkaufen". Ein Dilemma wird zu einem guten „Verkaufsargument". Die Stärke liegt darin, dass Sie Ihrem Gesprächspartner Wahlfreiheit gewähren. Sie geben ihm die Möglichkeit, aus zwei gegebenen Alternativen auszuwählen und somit positive Konsequenzen „einzukaufen".

Beispiel

 Rüdiger argumentiert vor dem Kunden: „Für Ihre Situation gibt es zwei Lösungsmöglichkeiten. Sie können entweder unser Produkt SMALL wählen oder unser Produkt BIG. Wenn Sie SMALL wählen, haben Sie kostengünstig eine schnelle Kompaktlösung. Wenn Sie BIG wählen, entscheiden Sie sich für ein maßgeschneidertes Konzept. Sie können also zwischen einer kostengünstigen Kompaktlösung oder einem maßgeschneiderten Konzept wählen. Was würde Ihnen mehr zusagen?"

In diesem Beispiel ist das Dilemma eine elegante Argumentation, um dadurch auf alternative positive Folgen für den Kunden hinzuweisen und ihm gleichzeitig Wahlfreiheit zu lassen. Aus der Antike ist ein berühmtes Beispiel für eine Spezialform eines Dilemmas bekannt.

Beispiel

 Ein Rhetoriklehrer der Antike hatte mit einem Schüler einen speziellen Vertrag abgeschlossen: Der Schüler muss die Unterrichtsstunden nicht bezahlen, falls er seinen ersten Prozess nicht gewinnt.

Nach Abschluss seiner Ausbildung übernahm der Schüler keinerlei Fälle. Der Lehrer bestand jedoch auf seiner Bezahlung. Um sie zu erhalten, verklagte der Lehrer den Schüler. Am Gerichtstag verteidigte sich der Schüler mit folgendem Argument: „Entweder werde ich diesen Prozess gewinnen, oder ich werde ihn verlieren. Wenn ich den Prozess gewinne, brauche ich meinen Lehrer nicht zu bezahlen, weil seine Klage ja dann abgewiesen wird. Wenn ich den Prozess verliere, brauche ich aufgrund des Vertrages auch kein Honorar zu bezahlen. Also brauche ich meinen Lehrer nicht zu bezahlen."

Der Lehrer andrerseits argumentierte so: „Entweder werde ich diesen Prozess gewinnen, oder ich werde ihn verlieren. Wenn ich ihn gewinne, muss der Schüler mich bezahlen, weil das Gericht meiner Klage rechtgegeben hat. Wenn ich verliere, muss der Schüler mich auch bezahlen aufgrund unserer Vertragsvereinbarung. Also muss der Schüler mich in jedem Fall bezahlen."

Dieses Argument ist ein Spezialfall des Dilemmas. Es hat folgende Form:

Entweder A oder nicht A

Wenn A, dann B

Wenn nicht A, dann B

B

Es ist nicht bekannt, wie in diesem Rechtsstreit entschieden wurde. Aber es scheint, als habe der Vertrag einen Widerspruch in sich enthalten. Sonst könnten beide Parteien nicht auf dieselbe Art und Weise argumentieren.

Ein falsches Dilemma

Ein Dilemma kann ein sehr wirkungsvolles FullPower-Argument sein. Es kann jedoch auch in die Irre führen, und dann spricht man von einem falschen Dilemma. Was passiert bei einem falschen Dilemma?

Ein Argument in Dilemma-Form unterstellt, dass nur die Wahl zwischen zwei erschöpfenden Alternativen bleibt. Es existiert also eine Entweder-oder-Prämisse. Aber dass wir nur die Wahl zwischen zwei Möglichkeiten haben, ist nicht immer richtig. Wenn die Alternativen nicht ausgeschöpft sind, dann handelt es sich bei einem Argument in Dilemma-Form um ein falsches Dilemma. Im nächsten Beispiel konstruiert Herbert so ein falsches Dilemma.

Beispiel

Herbert steht vor einer schwierigen Entscheidung. Er möchte in eine Immobilie investieren, die er selbst nutzen möchte. Er überlegt, ob eine Wohnung in der Stadt oder ein Haus auf dem Land für ihn in Frage kommt. Er argumentiert auf folgende Weise: „Entweder ich kaufe mir eine Wohnung in der Stadt oder ich schaffe mir ein Haus auf dem Land an. Wenn ich in eine Stadtwohnung investiere und in der Stadt lebe, dann werde ich immer die Hektik und den Lärm des Stadtalltags um mich haben. Wenn ich aufs Land ziehe, wird mein Leben wahrscheinlich sehr einsam sein, weil ich nur wenige soziale Kontakte haben werde. Also muss ich entweder mit dem Lärm und der Hektik der Stadt zurechtkommen, oder ich muss mich an ein einsames Leben gewöhnen. Vielleicht sollte ich doch lieber in meiner jetzigen Wohnung bleiben."

Es ist ganz klar, dass Herbert hier einem falschen Dilemma aufsitzt. Denn die Alternativen, die ihm einfallen, sind erstens nicht erschöpfend und schließen sich zweitens auch nicht aus. Außerdem ist zu fragen, ob sich die Konsequenzen tatsächlich in der Weise ergeben, wie Herbert vermutet.

Argumentieren in der Praxis

Sie können ein Dilemma geschickt einsetzen, wenn Sie jemand von Ihrer Idee oder Ihrem Produkt überzeugen möchten und eine „Kaufentscheidung" herbeiführen wollen. Sie können ein Argument in Dilemma-Form aber auch benutzen, wenn Sie jemand von einer Handlung abhalten möchten. In diesem Fall machen Sie auf negative Folgen aufmerksam.

Bei einem Dilemma sollten Sie immer genau prüfen, ob die Prämissen wirklich in Ordnung sind. Sind die Alternativen wirklich erschöpfend? Bestehen wirklich die Folgebeziehungen? Achten Sie auf die Möglichkeit eines falschen Dilemmas – nicht alles, was plausibel klingt, ist plausibel.

Wenn jemand ein Dilemma einsetzt, um negative Konsequenzen aufzuzeigen, können Sie wirkungsvoll darauf reagieren, indem Sie ein Dilemma konstruieren, das positive Konsequenzen enthält (oder auch umgekehrt): ein eleganter und professioneller Konter.

Indirekte Beweise

Wenn Sie mit dem indirekten Beweis argumentieren, nehmen Sie eine Position ein, die der Ihren versuchsweise widerspricht. Die Schlussfolgerungen, die Sie daraus ziehen, führen aber zu der Erkenntnis, dass diese Position nicht haltbar ist. Das folgende Beispiel zeigt, wie dies in der Praxis aussieht.

Beispiel

 Karl ist angeklagt, in einen Supermarkt eingebrochen und zehn Kisten Schoko-Eier gestohlen zu haben. Sein Anwalt möchte zeigen, dass Karl die ihm zur Last gelegte Tat nicht begangen haben kann. Der Anwalt argumentiert auf folgende Weise: „Nehmen wir einmal an, mein Mandant hätte die Tat begangen. Dann hätte er zur Tatzeit logischerweise am Tatort gewesen sein müssen. Zehn unabhängige Zeugen können aber bestätigen, dass mein Mandant zur Tatzeit nicht am Tatort war. Da niemand zugleich an zwei verschiedenen Orten sein kann, kann er die Tat also nicht begangen haben. Mein Mandant ist daher unschuldig."

Der Anwalt benutzt einen sogenannten indirekten Beweis, um den Richter von der Unschuld seines Mandanten zu überzeugen. Ein indirekter Beweis ist ein FullPower-Argument. Wie funktioniert ein indirekter Beweis? Gehen wir die einzelnen Schritte dieses FullPower-Arguments der Reihe nach durch.

Sie möchten zeigen, dass irgendeine Behauptung oder ein Standpunkt A (Ihre Konklusion) richtig ist. Sie argumentieren nun in drei Schritten.

Leitfaden: Indirekter Beweis

 1 Sie beginnen mit der Annahme, dass A nicht richtig wäre.

 2 Aus dieser Annahme leiten Sie mit Hilfe eines Full-Power-Arguments eine Konklusion ab, die entweder im Widerspruch zur Annahme steht, einen Selbstwiderspruch enthält oder einfach unakzeptabel ist.

3 Da Sie aus der vorausgesetzten Annahme eine falsche oder unhaltbare Konklusion ableiten, können Sie schließen, dass Ihre Annahme aus Schritt 1 falsch sein muss. Und wenn die vorausgesetzte Annahme falsch ist, dann muss die ursprüngliche Behauptung richtig sein.

Wie passt die Argumentation des Anwalts in dieses Schema? Der Anwalt möchte zeigen, dass Karl die Tat nicht begangen hat. (Das ist Standpunkt A, die Konklusion.)

1 Der Anwalt beginnt mit der Annahme, Karl habe in den Supermarkt eingebrochen.

2 Der Anwalt leitet aus dieser Annahme mit Hilfe eines weiteren Arguments einen Widerspruch ab. Dieses Hilfsargument sieht so aus: Wenn Karl die Tat begangen hat, dann muss er zur Tatzeit im Supermarkt gewesen sein. Er ist aber zur Tatzeit nicht im Supermarkt gewesen. (Das bestätigen zehn unabhängige Zeugen.) Also kann er die Tat nicht begangen haben. (Das Hilfsargument hat übri-

gens die Form eines Arguments der Konsequenzverneinung.)

3   Der Anwalt schließt aus diesem Widerspruch, dass die Annahme, Karl habe die Tat begangen, falsch sein muss. Also ist er unschuldig.

Einen indirekten Beweis kann man nutzen, um den eigenen Standpunkt wirkungsvoll zu verteidigen oder einen anderen Standpunkt gezielt unter Druck zu setzen. Dabei ist es nicht immer notwendig, dass Sie einen Widerspruch konstruieren. Oft genügt es, wenn Sie in Ihrem indirekten Beweis auf unerwünschte Konsequenzen hinweisen wie im folgenden Beispiel.

Beispiel

In der kleinen Werbeagentur Maximal weiß man nicht, ob man vor Freude Luftsprünge veranstalten oder eher deprimiert sein sollte. Ein großer Kunde hat der Agentur die Betreuung seines gesamten Werbeetats angeboten. Die Geschäftsführerinnen Erika und Bettina diskutieren dieses Angebot.

Erika ist dagegen, den Vertrag mit dem Kunden zu schließen: „Angenommen wir würden dem Vertrag zustimmen, dann würde uns der Vertrag zwingen, mehr als 50 % unserer Kapazität für einen einzigen Kunden bereitzuhalten. Das würde heißen, dass wir zu einem großen Teil von einem einzigen Kunden abhängig wären. Wenn wir diesen Kunden verlieren sollten – und du weißt, wie schnell so etwas in unserer Branche passieren kann –, hätten wir einen riesigen Umsatzeinbruch, den wir nicht so schnell kompensieren könnten. Diese Aussichten scheinen mir unakzeptabel. Wir sollten daher den Vertrag nicht abschließen, auch wenn es sehr schade ist."

Erika benutzt einen indirekten Beweis, um zu begründen, dass der Vertrag mit dem Kunden nicht abgeschlossen werden sollte. In ihrem Argument weist sie auf potenzielle Risiken hin, die es aus ihrer Sicht unakzeptabel machen, einen solchen Vertrag einzugehen.

Argumentieren in der Praxis

Indirekte Beweise benutzen Sie, wenn Sie Ihren eigenen Standpunkt begründen und den gegenteiligen gleichzeitig widerlegen möchten. Indirekte Beweise können großartige Argumente sein. Denn Sie laden Ihren Gesprächspartner ein, eine gedankliche Argumentationsreise mit Ihnen zu unternehmen. Wenn die einzelnen Folgerungen und Zwischenschritte in Ihrer Argumentation für den Gesprächspartner nachvollziehbar sind, haben Sie eine große Chance, dass Sie ihn von Ihrer ursprünglichen Behauptung überzeugen können. Das Interessante bei diesem FullPower-Argument ist nämlich, dass Sie die Taktik wählen, sich scheinbar auf die Perspektive Ihres Adressaten einzulassen. Sie beginnen ja mit einer Annahme, die Ihrer eigentlichen Behauptung zunächst widerspricht.

Ihr indirekter Beweis wird natürlich immer nur so stark sein, wie die Schlussfolgerungen sind, die Sie in den Zwischenschritten des Arguments ziehen.

Alle FullPower–Argumente auf einen Blick

Wir haben Ihnen sechs FullPower-Argumente vorgestellt, die in verschiedenen Situationen einsetzbar sind. Wenn Sie ein FullPower-Argument benutzen, machen Sie am besten die Struktur des Arguments so deutlich wie möglich. Das zeigt Ihrem Gesprächspartner, dass es sich bei Ihrem Argument um einen logischen Beweis handelt, dessen Korrektheit nicht in Frage gestellt werden kann. Ein FullPower-Argument kann man nämlich nur angreifen, indem man einzelne Prämissen in Zweifel zieht. Im Folgenden fassen wir noch einmal alle vorgestellten FullPower-Argumente in schematischer Form plus Beispiel zusammen. Außerdem erklären wir noch einmal kurz die Einsatzmöglichkeiten und möglichen Schwachstellen der verschiedenen Argumentformen.

Argument der Bedingungsbestätigung

Wenn A, dann B

A
_____

Daher: B

Beispiel:

Wenn Max mit der Dame zieht, dann setzt er den König schachmatt.

Max zieht mit der Dame.
_____

Daher: Max setzt den König schachmatt.

Wann setzen Sie es ein?

Wenn Sie klarmachen möchten, dass ein Ereignis mit Sicherheit ein anderes zur Folge haben wird. Potenzielle Schwachstelle: Der Zusammenhang in der Wenn-dann-Aussage ist nicht akzeptabel.

Argument der Konsequenzverneinung

Wenn A, dann B

nicht B

Daher: nicht A

Beispiel:

Wenn Berlin in Bayern liegen würde, dann läge Berlin in Süddeutschland.

Berlin liegt nicht in Süddeutschland.

Daher: Berlin liegt nicht in Bayern.

Wann setzen Sie es ein?

Wenn Sie eine bestimmte Aussage als Möglichkeit ausschließen oder widerlegen möchten. Potenzielle Schwachstelle: Der Zusammenhang in der Wenn-dann-Aussage ist nicht akzeptabel.

Entweder-oder-Argument

Entweder A oder B

nicht A

Daher: B

Beispiel:

Entweder wir gehen jetzt, oder wir bleiben noch ein bisschen.

Wir gehen nicht.

Daher: Wir bleiben noch ein bisschen.

Wann setzen Sie es ein?

Wenn Sie die Lösungsmöglichkeiten oder Handlungsoptionen für eine Situation präzise erläutern möchten und für eine bestimmte Lösung votieren. Potenzielle Schwachstelle: eine zu starke Entweder-oder-Prämisse (Schwarz-Weiß-Denken).

Schlusskette

Wenn A, dann B

Wenn B, dann C

Wenn A, dann C

Beispiel:

Wenn Korea das Verhandlungsangebot der Weltbank akzeptiert, dann werden die Aktienkurse in Korea wieder anziehen.

Wenn die Aktienkurse in Korea steigen, dann wird das die Finanzmärkte in Asien stabilisieren.

Daher: Wenn Korea das Verhandlungsangebot der Weltbank akzeptiert, dann wird das die Finanzmärkte in Asien stabilisieren.

Wann setzen Sie sie ein?

Wenn Sie längere Argumentketten übersichtlich aufbauen, interessante Zusammenhänge aufdecken oder wichtige Konsequenzen deutlich aufzeigen möchten.

Potenzielle Schwachstellen: Die Zusammenhänge in den Wenn-dann-Prämissen sind nicht akzeptabel.

Dilemma

Entweder A oder B

Wenn A, dann C

Wenn B, dann D

Daher: Entweder C oder D

Beispiel:

Entweder wir geben nach oder wir beharren auf unserer Position.

Wenn wir nachgeben, dann erleiden wir einen Gesichtsverlust.

Wenn wir auf unserer Position beharren, dann erzielen wir keine Lösung.

Daher: Entweder wir erleiden einen Gesichtsverlust oder wir erzielen keine Lösung.

Wann setzen Sie es ein?

Wenn Sie jemanden von Ihrer Idee oder Ihrem Produkt überzeugen möchten und eine „Kaufentscheidung" herbeiführen wollen, oder wenn Sie jemanden von einer Handlung abhalten möchten.

Potenzielle Schwachstellen: Ein falsches Dilemma durch eine zu starke Entweder-oder-Prämisse; die Zusammenhänge in den Wenn-dann-Prämissen sind nicht akzeptabel.

Der indirekte Beweis

Sie möchten zeigen, dass irgendeine Behauptung oder ein Standpunkt A (Ihre Konklusion) richtig ist. Sie argumentieren in drei Schritten:

1   Sie beginnen mit der Annahme, dass A nicht richtig wäre.

2   Aus dieser Annahme leiten Sie mit Hilfe eines FullPower-Arguments eine Konklusion ab, die entweder im Widerspruch zur Annahme steht oder die einen Selbstwiderspruch enthält oder die einfach unakzeptabel ist.

3   Da Sie aus der vorausgesetzten Annahme eine falsche oder unhaltbare Konklusion ableiten, können Sie schließen, dass Ihre Annahme aus Schritt 1 falsch sein muss. Und wenn die vorausgesetzte Annahme falsch ist, dann muss die ursprüngliche Behauptung richtig sein.

Beispiel:
Jemand möchte zeigen, dass das Mordopfer X nicht durch Gift umgekommen sein kann. Er argumentiert so:

Angenommen: Das Opfer wäre tatsächlich vergiftet worden. Wenn das Opfer vergiftet worden wäre, hätte man noch Giftrückstände in seinem Körper finden müssen.
Es wurden keine Giftrückstände gefunden.

Daher: Mordopfer X kann nicht durch Gift umgekommen sein.

Wann setzen Sie ihn ein?

Wenn Sie Ihren eigenen Standpunkt begründen und den gegenteiligen gleichzeitig widerlegen möchten. Potenzielle Schwachstelle: Die Zwischenschritte des Arguments können fragwürdig sein.

High- und LowPower-Argumente:
Aus Erfahrung gut

Argumente, die sehr wahrscheinlich oder wahrscheinlich zutreffen oder einfach nur einigermaßen plausibel sind, begegnen uns wohl am häufigsten. Solche Argumente führen zu neuen Erkenntnissen, bergen allerdings auch Gefahren.

In diesem Kapitel lernen Sie verschiedene HighPower- und LowPower-Argumente kennen und erfahren

- welche Fehlschlüsse, damit einhergehen können,
- wie Sie Ihre Argumente im Vorfeld prüfen und absichern können,
- wie Sie die Argumente anderer kritisch durchleuchten,
- was Sie beachten sollten, wenn Sie selbst argumentieren.

Argumente mit Erkenntnisgewinn

Die stärksten Argumente – was ihren Korrektheitsgrad betrifft – sind FullPower-Argumente. Wenn die Prämissen wahr sind, folgt daraus zwingend die Wahrheit der Konklusion. Oder: Wer die Prämissen akzeptiert, muss auch die Konklusion akzeptieren – aus rein logischen Gründen. Allerdings haben FullPower-Argumente auch einen „Nachteil": Sie liefern uns im Grunde keine neuen Informationen. Wir haben ja schon gesehen, dass die Konklusion bei einem FullPower-Argument in den Prämissen enthalten ist.

Anders verhält es sich mit HighPower-Argumenten und Low-Power-Argumenten. Diese Argumenttypen erweitern unser Wissen, sie liefern uns neue Informationen. HighPower-Argumente nennt man in der Logik herkömmlicherweise induktive Argumente; LowPower-Argumente heißen Plausibilitätsargumente.

Was ist das Besondere an High- und LowPower-Argumenten? Bei ihnen stützen die Prämissen die Konklusion nicht absolut zwingend wie in FullPower-Argumenten, sondern nur zu einem gewissen Grad. In High- und LowPower Argumenten ist es logisch möglich, dass die Konklusion falsch ist, selbst wenn die Prämissen alle wahr sind. Hier wieder ein bei Logikern beliebtes Beispiel:

Alle beobachteten Schwäne sind weiß.

Daher: Alle Schwäne sind weiß.

In diesem Argument schließt man aus der Beobachtung einer gewissen Anzahl von weißen Schwänen, dass alle Schwäne weiß sind. Es ist jedoch logisch möglich, dass die Konklusion falsch ist, obwohl die Prämisse wahr ist (alle beobachteten Schwäne waren tatsächlich weiß.)

Und in der Tat gibt es in Australien schwarze Schwäne. Diese Beobachtung macht unsere Konklusion falsch. High- und LowPower-Argumente stützen also die Konklusion nur zu einem gewissen Grad. Dabei sind HighPower-Argumente stärker als LowPower-Argumente. Inwiefern? In HighPower-Argumenten wird die Konklusion durch die Prämissen sehr wahrscheinlich, ziemlich wahrscheinlich oder nur wahrscheinlich gemacht. Genau dazu dienen diese Argumenttypen auch: Sie verleihen einem Standpunkt eine gewisses Maß an Wahrscheinlichkeit.

In LowPower-Argumenten wird die Konklusion durch die Prämissen nur sehr schwach gestützt. Sie wird lediglich plausibel gemacht. LowPower-Argumente sind die schwächste Form von Argumenten, die wir im Alltag benutzen. Die Prämissen stützen die Konklusion, solange es keine Gegenbeweise oder besseren Gegenargumente gibt. Wer ein LowPower-Argument bringt, trägt seiner Beweislast zumindest in einem minimalen Sinn Rechnung. Der Gesprächspartner oder Adressat hat jedoch die Möglichkeit, kritische Fragen zu stellen, durch die er LowPower-Argumente testen kann.

- HighPower-Argumente: Prämissen machen die Konklusion sehr wahrscheinlich, ziemlich wahrscheinlich, wahrscheinlich.

- LowPower-Argumente: Prämissen machen die Konklusion plausibel.

Wir möchten Ihnen in diesem Kapitel die wichtigsten High- und LowPower-Argumente vorstellen und zeigen, welche Fehlschlussrisiken mit diesen Argumentformen verbunden sind. Dieses Wissen kann Ihnen helfen, Ihre eigenen Argumente bereits im Vorfeld kritisch zu prüfen, sie noch besser abzusichern und fremden Argumenten wirkungsvoll auf den Zahn zu fühlen.

Warum stellen wir HighPower- und LowPower-Argumente zusammen in einem Kapitel vor? Das hat folgenden Grund: Obwohl man auf der einen Seite für sehr klare Fälle eine deutliche Trennlinie zwischen HighPower- und LowPower-Argumenten ziehen kann, gibt es auf der anderen Seite Fälle, bei denen die Grenzen zwischen beiden Argumentformen fließend sind. Das schien uns Grund genug, beide Argumentformen in einem gemeinsamen Kapitel vorzustellen.

Wir werden Ihnen zuerst zwei typische HighPower-Argumentformen aus dem Bereich des statistischen Argumentierens erläutern. Im Anschluss daran machen wir Sie mit zehn typischen LowPower-Argumenten bekannt: das Autoritätsargument, das Analogieargument, Kausalargumente, Hypothesenbestätigung, Indizienargumente, Argument der praktischen Konsequenzen, Lawinenargumente, Beispielsargumente, Verschwendungsargumente, Regelargumente.

Die statistische Verallgemeinerung

Auf Verallgemeinerungen treffen wir in der Alltagskommunikation sehr häufig. Wir leiten sie in unseren Schluss- und Argumentationsroutinen aus unseren Erfahrungen ab. Hier ein Beispiel.

Beispiel

Anfang Dezember treffen Ralf und Katharina eine spontane Entscheidung. Dieses Weihnachten wollen sie nicht zu Hause verbringen. Sie möchten in Urlaub fahren. „Wie wäre es mit Florida?", schlägt Katharina vor. „Gute Idee", erwidert Ralf, „ich kümmere mich morgen um die Flugtickets." Am Abend des nächsten Tages kommt Ralf enttäuscht nach Hause: „Ich habe keinen Flug buchen können. Ich war in fünf Reisebüros, ich habe zwei Stunden lang im Internet recherchiert und keinen freien Flug nach Miami gefunden. Ich glaube, dieses Jahr sind an Weihnachten alle Flüge nach Miami ausgebucht. Wir werden wohl hierbleiben müssen."

Ralf stellt in diesem Argument die Verallgemeinerung auf, dass alle Flüge nach Miami an Weihnachten ausgebucht sind. Begründungsbasis sind seine Erfahrungen bei der vergeblichen Suche nach einem Flug. Obwohl er natürlich nicht wirklich alle möglichen Flüge geprüft hat, ist seine Datenbasis ausreichend genug, um die Konklusion, dass alle Flüge ausgebucht sind, wahrscheinlich zu machen. Die Argumentform, die Ralf benutzt, nennen wir statistische Verallgemeinerung. Sie ist die einfachste Form eines HighPower-Arguments.

Die statistischen Verallgemeinerungen haben folgende Form:

X Prozent der untersuchten (beobachteten) Fälle F haben die Eigenschaft G.

Daher: X Prozent der F haben die Eigenschaft G.

Die Konklusion sagt etwas über eine Gesamtmenge von Dingen aus. Die Prämisse, die diese Konklusion begründet, macht aber nur eine Aussage über einen begrenzten Bereich, nämlich die untersuchte Stichprobe bzw. die beobachteten Fälle. Die Prämisse und die Konklusion sind beide sogenannte statistische Aussagen. Aus der Prämisse folgt die Konklusion nicht zwingend, aber mit einem gewissen Grad an Wahrscheinlichkeit.

Sie wundern sich vielleicht, warum im Schema für statistische Verallgemeinerungen Ausdrücke wie „X Prozent" vorkommen. Wie passt denn zum Beispiel Ralfs statistische Verallgemeinerung, die keine Prozentangabe enthält, in dieses Schema? Ganz einfach: Ralfs Verallgemeinerung ist im Grunde ein Spezialfall dieses Schemas. Dazu brauchen wir nur für „X Prozent" den Ausdruck „100 Prozent" einzusetzen, was die gleiche Bedeutung hat wie der Ausdruck „alle". Ralfs Argument könnten wir so darstellen:

Alle (100 Prozent der) von mir nachgefragten Flüge nach Miami waren ausgebucht.

Daher: Alle (100 Prozent der) Flüge nach Miami sind ausgebucht.

Ein weiterer Spezialfall in diesem Schema entsteht übrigens, wenn wir für „X" die Zahl 0 einsetzen, was gleichbedeutend ist mit dem Ausdruck „kein".

Statistische Verallgemeinerungen spielen heute in vielen unserer Argumentationen und Überlegungen eine Rolle. Überall da, wo man allgemeine Verhaltensweisen aufzuspüren versucht, die man auf beobachtete Daten stützt, oder wo man allgemeine Regeln aufstellen möchte, begegnen wir statistischen Verallgemeinerungen. Marktforscher, Vertriebsmanager, Qualitätsmanager benutzen Argumente, die statistische Verallgemeinerungen darstellen. Im folgenden Beispiel tritt eine statistische Verallgemeinerung im Rahmen der Qualitätssicherung in einem Unternehmen auf.

Beispiel

 Im Unternehmen Mobiltel stellt man bei einer Stichprobe fest, dass fünf Prozent der neu produzierten Telefonhörer einen Lackfehler aufweisen. Man schließt, dass 5 Prozent der Tagesproduktion fehlerhaft sind.

In diesem Beispiel finden wir eine statistische Verallgemeinerung, die exakt in unser Schema passt:

Fünf Prozent der neu produzierten Telefonhörer aus der Stichprobe haben einen Lackfehler.

Daher: Fünf Prozent aller Telefonhörer der Tagesproduktion haben einen Lackfehler.

Die statistischen Aussagen im letzten Beispiel enthalten genaue Zahlenangaben. In unserer Alltagsargumentation

treffen wir jedoch oft statistische Aussagen, die umgangssprachlich formuliert sind. Statt exakten numerischen Werten
benutzen wir dabei Ausdrücke wie „die meisten", „fast alle",
„einige", „mindestens". Das Argument in unserem letzten
Beispiel könnte man auch mit Hilfe solcher Ausdrücke formulieren.

Beispiel

 Ein Mitarbeiter aus der Produktionsabteilung von Mobiltel zum
Qualitätssicherungsbeauftragten: „Wir haben einige Telefonhörer aus der heutigen Produktion untersucht und Lackschäden
daran festgestellt. Wir vermuten, dass es in der gesamten
Tagesproduktion eine Reihe von Hörern mit Lackfehlern gibt."

Der Mitarbeiter benutzt eine statistische Verallgemeinerung.
Er verwendet dabei jedoch keine genauen Prozentangaben,
sondern Begriffe unserer Alltagssprache, die nur ungefähre
Größenangaben zulassen.

Statistische Verallgemeinerungen sind wichtige Argumente,
will man von einer begrenzten Anzahl von Fällen auf einen
allgemeinen Sachverhalt schließen. Im Gegensatz zu Full-
Power-Argumenten sind sie jedoch nicht absolut wasser-
dicht. Vielmehr gibt es eine Reihe von Möglichkeiten, wie sie
fehlschlagen können. Diese Fehlermöglichkeiten zeigen uns,
worauf man aufpassen muss, wenn man selbst eine statistische Verallgemeinerung benutzt oder wenn man ihr begeg-
net. Aus der Untersuchung der Fehlermöglichkeiten gewinnen
wir eine Liste kritischer Fragen, mit deren Hilfe man statistische Verallgemeinerungen testen und die man für die Argu-
mentationspraxis nutzen kann.

Unklare Begriffe

Die erste Fehlerquelle besteht darin, dass das statistische Argument Aussagen enthält, in denen präzise Zahlen mit unpräzisen Begriffen kombiniert werden. Im krassesten – aber leider weit verbreiteten – Fall kommen in einer statistischen Aussage Ausdrücke vor, die so ungenau definiert sind, dass die ganze Aussage dadurch praktisch wertlos wird.

Beispiel

 Ein Politiker beklagt sich bei einer Gesprächsrunde unter Parteikollegen über die steigende Kriminalitätsrate in Deutschland: „Ich bin sicher, 90 % aller Gauner könnte das Handwerk gelegt werden, wenn wir mehr für die innere Sicherheit tun würden."

Wie kommt die Zahl von 90 % in diese Aussage? Wie ist diese Zahl belegt? Wie ist der Typ des „Gauners" definiert? Offensichtlich appelliert der Sprecher nur an diffuse Gefühle seiner Zuhörer – und nicht an deren Verstand.

Das Definitionsproblem in statistischen Aussagen ist in anderen Fällen weniger dramatisch, aber latent immer vorhanden. Wie sieht es etwa mit einer Statistik aus, in der Aussagen über die Armutsgrenze in einem Land getroffen werden? Die statistischen Aussagen werden erheblich davon beeinflusst, wie der Begriff der Armut definiert ist. Je nach Definition kann die Zahlenangabe erheblich variieren. Auch wenn man eine Statistik über die Anzahl der Arbeitslosen in einem Land anfertigen möchte, muss untersucht werden: Wer genau zählt eigentlich zu den Arbeitslosen? Gehört der Schauspieler dazu, der vorübergehend ohne Engagement ist? Gehört der

Akademiker dazu, der nur hin und wieder einen Essay für eine Zeitung schreibt und sich dadurch über Wasser hält? Gelten auch Personen als arbeitslos, die „nur" eine Halbtagsbeschäftigung suchen? Wie lange bleibt jemand in der Statistik – und unter welchen Bedingungen wird er nicht mehr erfasst?

Oder folgender Fall: Sie lesen in einer Statistik, dass 60 % aller Unternehmen mit einer stark ausgeprägten Kundenorientierung profitabler arbeiten als Unternehmen mit einer schwachen Kundenorientierung. Ist hier nicht zuallererst zu fragen: Was bedeutet eigentlich „Kundenorientierung" genau? Wie ist dieser Begriff definiert?

Um den Fehler unklarer Begriffe zu vermeiden, sollten Sie statistische Aussagen und Argumente daher durch folgende Fragen prüfen:

- Sind die Begriffe in der Aussage eigentlich genau definiert?
- Oder handelt es sich um vage und nicht genau eingrenzbare Begriffe?

Falsche Präzision

Eine weitere Fehlerquelle kann hinzukommen, wenn Zahlen in der statistischen Aussage benutzt werden, bei denen äußerst zweifelhaft ist, wie sie überhaupt zustande gekommen sind. In diesem Fall suggerieren die Zahlen eine Exaktheit, die aufgrund der Fragwürdigkeit der Datenerhebung gar nicht eingelöst werden kann. Wenn statistische Aussagen aufgestellt werden, die unmöglich oder nur äußerst zweifelhaft verifiziert werden können, dann liegt der Fehler der falschen Präzision vor. Dieser Fehler kann ein Publikum dazu verleiten anzunehmen, dass die Information exakter ist, als es in Wirklichkeit der Fall ist. Der Irreführung unterliegt man leicht, da die Angabe exakter Zahlen die Autorität der Wissenschaftlichkeit, den Maßstab der Exaktheit schlechthin, mit sich führt. Das Prestige und die Ästhetik einer exakten Zahlenangabe „verbürgt" die Seriosität und die Stichhaltigkeit des Arguments. Dieser Fehler potenziert sich, wenn er mit dem Fehler unklarer Begriffe verknüpft wird, wie im folgenden Beispiel.

Beispiel

Leopold ist Unternehmensberater und auf Führungskräftetrainings spezialisiert. Im Gespräch mit einem Kunden erklärt er, worauf viele Probleme in einem Unternehmen zurückzuführen seien: „80 % aller Schwierigkeiten in einem Unternehmen sind doch nur Führungsprobleme! Wenn wir die Führungsprobleme in den Griff bekommen, wird es auch in den Unternehmen besser laufen."

Wie kommt Leopold zu der Zahl von 80 %? Von welchen Schwierigkeiten ist hier eigentlich die Rede? Die Zahlenangabe gaukelt eine Präzision vor, die nicht existiert oder zumindest auf keiner begründeten Basis steht. Seien Sie ehrlich: Ist es Ihnen nicht auch schon selbst passiert, dass Sie eine Prozentzahl genannt haben, um Ihren Aussagen mehr Präzision und dadurch auch mehr Gewicht zu verleihen?

Wenn uns eine Statistik erklärt, dass in Deutschland 26453 Obdachlose leben, dann ist das mit Sicherheit falsch. Denn wie sollte diese Zahl je genau verifiziert werden können? Wenn behauptet wird, dass 44 % aller Schwangerschaftsabbrüche auf den negativen Einfluss des Lebenspartners zurückzuführen sind, dann wird eine Exaktheit vorgespiegelt, die nicht zu überprüfen ist.

Ihre Warnlampen sollten also prinzipiell aufleuchten, wenn Ihnen in statistischen Aussagen exakte Zahlen genannt werden. Denken Sie an den potenziellen Fehler der falschen Präzision und an folgende kritische Fragen:

- Wie kann man überhaupt zu den Zahlen und den Informationen gelangen, auf die in der statistischen Aussage Bezug genommen wird?
- Wie kann die statistische Aussage denn verifiziert werden?

Unzureichende Daten

Das Argument der statistischen Verallgemeinerung ist nur unter der Bedingung korrekt, dass der untersuchte Bereich, den man als Basis benutzt, um eine Aussage über den Gesamtbereich zu machen, repräsentativ ist. Wann eine Stichprobe oder eine untersuchte Anzahl von Fällen repräsentativ ist, ist nicht so leicht zu sagen. Es gibt jedoch zwei wichtige Kriterien. Wenn man sich an diese Kriterien so weit wie möglich hält, erhöht dies die Chance der Repräsentativität.

Das erste Kriterium lautet: Die Stichprobe muss groß genug sein; es müssen ausreichend viele Daten gesammelt worden sein. Wenn dieses Kriterium nicht erfüllt ist, kommt es zum Fehlschluss der unzureichenden Statistik, der dritten Fehlerquelle, die mit einer statistischen Verallgemeinerung verknüpft ist. Dieser Fehlschluss wird auch Fehler des voreiligen Schlusses genannt.

Wenn uns zum Beispiel berichtet wird, dass die Personen einer Testgruppe, die täglich eine Flasche Bier trinken, weniger herzinfarktgefährdet seien als Personen einer anderen Testgruppe, die kein Bier trinken, dann mag das zwar stimmen. Wenn aber in jeder Testgruppe nur fünf Personen waren, so stellt dies eine zu schwache Basis dar, um daraus eine korrekte Verallgemeinerung ziehen zu können. Es besteht ein zu großer Irrtumsspielraum. Es könnte zum Beispiel sein, dass die Biertrinker alle Nichtraucher waren, während die Nicht-Biertrinker alle Raucher sind. Denkbar ist auch, dass die Mitglieder der ersten Testgruppe von vornherein gesünder sind. In diesem Fall ist das Ergebnis der Untersuchung einfach nicht aussagekräftig. Eine Verzerrung des Testergebnisses wird umso unwahrscheinlicher, je größer die Untersuchungsgruppe ist.

Dieser Fehlschluss der unzureichenden Statistik kommt im täglichen Leben häufig vor. Oft schließen wir aus einer geringen Zahl von beobachteten Fällen auf eine Allgemeingültigkeit.

Beispiel

 Peter ist Mitarbeiter bei dem Unternehmen Global Contact. Er ist wütend und frustriert. Zwar ermuntern die Führungskräfte ihre Mitarbeiter, aktiv Vorschläge zu erarbeiten, wie Arbeitsprozesse im Betrieb verbessert werden könnten, aber Peter hat den Eindruck, dass keiner seiner Vorschläge je verwirklicht wird. Er

> beklagt sich bei seinem Kollegen: „In den letzten drei Monaten habe ich vier Vorschläge gemacht, was wir verbessern könnten. Und jedes Mal hat unser Abteilungsleiter gesagt, das sei unrealistisch. Der lehnt doch alle Vorschläge ab, die von seinen Mitarbeitern gemacht werden."

Peter leitet aus seinen persönlichen enttäuschenden Erfahrungen die Konklusion (Verallgemeinerung) ab, dass der Vorgesetzte alle Vorschläge seiner Mitarbeiter ablehne. Aber ist diese Verallgemeinerung korrekt? Kennt Peter alle Daten und Fakten, die diese Verallgemeinerung zulassen? Oder spricht aus ihm im Moment nur der Frust?

Stellen Sie bei einer statistischen Verallgemeinerung folgende Fragen, um den Fehlschluss des voreiligen Schlusses zu vermeiden:

- Sind genügend Erfahrungsdaten gesammelt?
- Wurden ausreichend viele Fälle betrachtet?
- Ist die Stichprobe groß genug?

Wann ist eine Stichprobe groß genug? Die Antwort auf die Frage, ob genügend Fälle betrachtet worden sind, um eine zureichende Statistik zu bilden, hängt von den Umständen des jeweiligen Untersuchungsgebiets ab. Manchmal genügen zwei oder drei betrachtete Fälle, manchmal müssen tausende von Fällen berücksichtigt werden. Aus einer Stichprobe von fünf Wählern wird sich keine verlässliche Verallgemeinerung über das Wahlverhalten einer ganzen Nation gewinnen lassen. Die untersuchte Basis ist zu klein und daher wertlos. Wenn es jedoch um die Wahl des Vorstandsvorsitzenden eines Unternehmens geht, kann die Befragung von wenigen Personen bereits eine gute Basis für eine zuverlässige Voraussage des Wahlergebnisses sein.

Die Frage, ob genügend Fälle untersucht worden sind, hängt auch davon ab, welcher Grad von Verlässlichkeit angestrebt wird. Deshalb können einige Argumente mit einer unzureichenden Datenbasis durchaus brauchbare LowPower-Argumente sein, das heißt, sie machen eine Konklusion plausibel, auch wenn sie keine HighPower-Argumente darstellen. Nehmen Sie zum Beispiel an, Sie unternehmen eine Reise nach Japan. Bei ihrem Aufenthalt dort fällt ihnen einige Male auf: Wenn Personen einander vorgestellt werden, dann tauschen sie gegenseitig auf feierliche Art und Weise ihre Visitenkarten aus. Sie schließen daraus, dass es zum Ritual einer Vorstellung gehört, die Visitenkarten in einer bestimmten Art und Weise zu überreichen. Obwohl Sie nur wenige Fälle erlebt haben, kann Ihre statistische Verallgemeinerung ein vernünftiges LowPower-Argument darstellen. Ihre Beobachtungen machen Ihre Konklusion plausibel.

Der Grad an angestrebter Verlässlichkeit ist davon abhängig, was auf dem Spiel steht, wenn es wegen einer zu geringen Anzahl von untersuchten Fällen zu einem Irrtum kommt. Die Kosten eines möglichen Irrtums bestimmen, welche Menge an Informationen wir als ausreichend ansehen. Sind die möglichen Kosten hoch, werden wir natürlich mehr Informationen sammeln als bei niedrigen Kosten.

Voreingenommenheit

Damit eine Statistik zureichend sein kann, müssen die untersuchten Fälle einen repräsentativen Querschnitt des Gesamtbereichs bilden, über den eine Aussage getroffen werden soll. Das führt uns zum zweiten Kriterium, dem eine statistische Verallgemeinerung genügen muss. Es lautet: Die untersuchten oder beobachteten Fälle (die gesammelten Daten) müssen ausreichend verschiedenartige Elemente enthalten.

Größe und Verschiedenartigkeit ausreichend?

Dieses zweite Kriterium der Verschiedenartigkeit und das erste Kriterium der Größe müssen auseinandergehalten werden. Eine Stichprobe kann durchaus ausreichende Größe besitzen, aber dennoch nicht ausreichend die Verschiedenartigkeit der Elemente der Gesamtmenge repräsentieren. Wenn bei einer Mitarbeiterbefragung eines Unternehmens, das 30 % Frauen beschäftigt, nur die männlichen Mitarbeiter befragt werden (diese aber in ausreichender Zahl), dann kann es zu Verzerrungen im Ergebnis kommen.

Interessant ist, dass die Frage der Anzahl der untersuchten Fälle im Grunde weniger entscheidend ist als die Frage der ausreichenden Verschiedenartigkeit. Eine ausreichende Größe kann als ein wichtiger Faktor (manchmal sogar als der wichtigste Faktor) betrachtet werden, um eine angemessene Verschiedenartigkeit zu erreichen. Denn eine zu kleine Stichprobe verletzt automatisch das Kriterium der zureichenden Verschiedenartigkeit. Die Stichprobe sollte also so gewählt sein, dass sich in ihr die verschiedenen Elemente des Gesamtbereichs in ihrem jeweiligen Verhältnis zueinander widerspiegeln. Man kann nie sicher sein, ob eine Stichprobe wirklich repräsentativ ist. Man kann jedoch sein Möglichstes tun, um alles zu vermeiden, was die Stichprobe nichtrepräsentativ werden lässt. Wenn man dieses wichtige Kriterium der zureichenden Verschiedenartigkeit nicht beachtet, dann begeht man den Fehler der voreingenommenen Statistik. Ein berühmtes Beispiel für einen klassischen Fehler durch voreingenommene Statistik stellt folgender Fall dar.

Beispiel

 1936 kandidierten Roosevelt und Landon für das Amt des amerikanischen Präsidenten. Um herauszufinden, wer die Wahl gewinnen wird, startete der Literary Digest eine gigantische Umfrage. Über 10 Millionen Stimmzettel wurden versandt, der Rücklauf lag bei mehr als zwei Millionen Antworten. Dies war bestimmt eine ausreichende Fülle von Daten. Das Umfrageergebnis war jedoch falsch, es wurde nämlich Landon und nicht Roosevelt als Sieger vorausgesagt. Wie kam es zu dem Fehlschlag? Eine der Hauptursachen für den Fehler bestand darin, dass die Namen der Befragten aus Telefonbüchern und Karteien für zugelassene Kraftfahrzeuge entnommen wurden. Das heißt, es wurde eine Bevölkerungsschicht befragt, die in der Lage war, sich ein Telefon oder ein Auto zu leisten – und das lieferte damals gerade keine repräsentative Menge. Der Literary Digest machte übrigens kurz nach diesem Ereignis Pleite. Ob da allerdings ein Kausalzusammenhang bestand, ist uns nicht bekannt.

Der Fehler der voreingenommenen Statistik kann auch in subtilerer Form auftreten. Das macht folgendes Beispiel klar.

Beispiel

 Bei einer Kundenbefragung werden die Stammkunden des Unternehmens X befragt, wie zufrieden sie mit den Produkten von X sind. Es ergibt sich eine hohe Zufriedenheitsquote. Doch das Ergebnis täuscht. Wären nämlich auch die Kunden befragt worden, die in den letzten sechs Monaten verärgert abgesprungen sind, sähe die Zufriedenheitsquote ganz anders aus.

Der Fehler der voreingenommenen Statistik taucht nicht nur bei Untersuchungen und Umfragen auf, er macht sich auch in unseren alltäglichen Erfahrungen und Denkroutinen bemerkbar. Verschiedene Arten von Vorurteilen beruhen oft auf einer voreingenommenen Statistik. Aus einer geringen Anzahl von Fällen, in denen man unakzeptable Eigenschaften beobachtet, zieht man Verallgemeinerungen. So kommt es zu uns allen vertrauten Aussagen wie:

- Alle Frauen sind doch ...
- Alle Politiker sind doch ...
- Alle Vertriebsleute sind doch ...
- Alle Designer sind doch ...
- Alle Entwickler sind doch ...

Jedes Mitglied der Gruppe bekommt eine Eigenschaft zugeschrieben. Unterschiede werden nicht beachtet, und jedes neue Urteil über ein beliebiges Mitglied der jeweiligen Gruppe unterliegt dieser Verallgemeinerung. Fälle, in denen Personen aus dieser Gruppe offensichtlich ganz anders sind, werden bewusst ignoriert – schließlich weiß man ja schon, dass ...

Und die Moral von der Geschicht': Stellen Sie sich bei statistischen Verallgemeinerungen immer die Frage: Sind die Daten und die untersuchten Fälle wirklich verschiedenartig genug? Sind die Daten repräsentativ?

Hintergrundwissen erforderlich

Unser Hintergrundwissen spielt eine wichtige Rolle bei der Einschätzung der Stärke einer statistischen Verallgemeinerung. Wir müssen nicht nur die Prämissen untersuchen, sondern wir müssen auch überlegen, ob die untersuchten Fälle wirklich repräsentativ sind. Das erfordert ein Wissen, das über den Informationsgehalt der Prämissen hinausgeht. Wenn wir nicht feststellen können, ob genügend Fälle untersucht wurden und ob genügend Verschiedenartigkeiten berücksichtigt wurden, die einen Einfluss auf unser Ergebnis haben können, dann können wir auch nicht entscheiden, ob ein vorgebrachtes Argument stark oder schwach ist. Diese Abhängigkeit von Hintergrundwissen ist ein Merkmal aller High- und LowPower-Argumente. Natürlich kann niemand von uns verlangen, dass wir jedes Mal, wenn wir ein Argument beurteilen wollen, dieses Hintergrundwissen erst erwerben. Es genügt, wenn wir uns der kritischen Fragen bewusst sind, die wir stellen können, um die Stärke eines Arguments zu testen. Dadurch lassen sich viele Fallgruben elegant umgehen.

Die betrachteten Fehler können natürlich in Verbindung mit allen High- und LowPower-Argumenten auftreten, die wir noch vorstellen werden, und nicht nur bei der statistischen Verallgemeinerung. Es besteht immer das Risiko, dass zu wenig Erfahrungsdaten gesammelt wurden oder dass unsere Daten voreingenommen sind.

Argumentieren in der Praxis

Die statistische Verallgemeinerung setzen Sie ein, wenn Sie aus einer begrenzten Anzahl beobachteter Fälle auf einen allgemeinen Sachverhalt oder auf eine allgemeine Regel schließen wollen. Achten Sie dabei auf die möglichen Schwächen dieser Argumentform: unklare Begriffe, falsche Präzision, unzureichende Datenmenge, Voreingenommenheit. Diese Schwächen können Sie durch folgende Fragen aufdecken:

- Sind die Begriffe in den Aussagen des Arguments eigentlich genau definiert?
- Wie kann man überhaupt zu den Zahlen und den Informationen gelangen, auf die in den statistischen Aussagen Bezug genommen wird?
- Sind genügend Erfahrungsdaten gesammelt worden?
- Sind die Daten und die untersuchten Fälle wirklich verschiedenartig genug?

Statistisches Top-Down-Argument

Im Unterschied zur statistischen Verallgemeinerung, bei der man aus speziellen Fällen einen allgemeinen Sachverhalt ableitet, können Sie mit Hilfe der Argumentationsart, die wir Ihnen nun vorstellen wollen, vom Allgemeinen auf das Spezielle schließen.

Beispiel

 In der Abteilung Kundenbetreuung der Direktbank 500 ist Jens ein kleiner Fehler aufgefallen, als routinemäßig die Kundendateien zur Vorbereitung der nächsten Mailingaktion überprüft wurden. Da gibt es einen Kunden namens Keiko Sommer. Unter den Daten des Kunden findet sich keine Information darüber, ob der Kunde ein Mann oder eine Frau ist. Wie soll der Kunde da korrekt im geplanten Informationsschreiben angeredet werden? Jens fragt seinen Kollegen Frank, was er tun soll. Frank erklärt: „Diesen Vornamen habe ich auch noch nie gehört. Aber es handelt sich wahrscheinlich um einen männlichen Vornamen. In den europäischen Sprachen enden männliche Namen doch immer auf ‚o'. Ich würde sagen, dass Keiko Sommer ein Mann ist."

Frank kommt zu der Konklusion, dass es sich bei Keiko Sommer um einen Mann handeln muss. Er gründet diese Konklusion auf die Prämisse, dass in den europäischen Sprachen männliche Vornamen mit dem Vokal „o" enden. Die Argumentform, die Frank benutzt, heißt statistischer Syllogismus.

In einem statistischen Syllogismus begründet man einen Einzelfall mit Bezug auf eine allgemeine Regel. Ein statistischer Syllogismus hat folgende Form:

X Prozent der Fälle (Dinge) F haben die Eigenschaft G.

a ist ein Fall (Ding) F.

Daher: a hat die Eigenschaft G.

Für „X" können Sie wieder eine Zahl zwischen 0 und 100 einsetzen. Für „F" beliebige Fälle oder Dinge, für „G" beliebige

Eigenschaften. Der Buchstabe „a" steht für irgendein einzelnes Exemplar der F-Fälle oder F-Dinge.

Wie passt Franks Argument in dieses Schema für statistische Syllogismen? Wir können es auf folgende Weise rekonstruieren:

Namen, die in den europäischen Sprachen auf den Vokal „o" enden, sind immer männliche Vornamen.

Der Name „Keiko" endet auf „o".

Daher: „Keiko" ist ein männlicher Vorname.

Franks erste Prämisse ist eine Verallgemeinerung. Diese Verallgemeinerung enthält keine Prozentangabe wie in unserem Schema. Das ist auch nicht unbedingt nötig. In einem statistischen Syllogismus ist es möglich, nur ungefähre Größenangaben zu machen. In unserer Alltagsargumentation ist das die Regel. Dabei benutzt man Ausdrücke wie

- Fast alle F sind G.
- Die meisten F sind G.
- Die überwiegende Mehrzahl der F sind G.
- Ein hoher Prozentsatz der F ist G.
- Nur wenige F sind G.
- Kaum einer der F ist G.
- Ganz selten sind F auch G.

Frank benutzt in seinem Argument den Ausdruck „immer". In der zweiten Prämisse gibt Frank an, dass der Name „Keiko" ein Spezialfall seiner Verallgemeinerung darstellt. Was allgemein gilt, muss auch im Speziellen gelten. Daher zieht Frank die Schlussfolgerung, dass es sich bei dem fraglichen Namen um den Vornamen einer männlichen Person handeln muss.

Franks Argument ist ein typisches HighPower-Argument. Dabei ist klar, dass die Prämissen die Konklusion nicht absolut zwingend stützen. Denn es ist denkbar, dass die Konklusion falsch ist, auch wenn die Prämissen wahr sind. Die Prämissen machen die Konklusion jedoch ziemlich wahrscheinlich. Auf jeden Fall ist die Wahrscheinlichkeit, mit dieser Konklusion richtig zu liegen, höher als die Wahrscheinlichkeit, dass die Konklusion falsch ist. Es ist daher vernünftig anzunehmen, dass Keiko Sommer ein Mann ist.

Viele unserer Alltagsüberlegungen und Erwartungen sind durchzogen von statistischen Syllogismen: Italien ist bekannt für schönes Wetter. Daher erwarten wir schönes Wetter, wenn wir nach Italien fahren. Bei den Tarifverhandlungen erwarten wir zähe Verhandlungen, weil wir bisher immer die Erfahrung gemacht haben, dass eine Vielzahl von Verhandlungsrunden notwendig war. Bei der Einführung von Veränderungen im Unternehmen erwarten wir Widerstand, weil uns bisher bei den meisten Veränderungen Widerstand entgegenschlug.

So stützen Sie ein statistisches Top-Down-Argument

Kehren wir noch einmal zu unserem Beispiel zurück: Im Hinausgehen ruft Frank Jens noch zu: „Schau doch mal nach, ob für Keiko Sommer irgendwelche Versicherungen über uns laufen. 80 Prozent der Kunden, die über uns Versicherungen abgeschlossen haben, sind nämlich männlichen Geschlechts." Jens prüft dies sofort nach und tatsächlich: Keiko Sommer gehört zu jenen Kunden, die über die Bank 500 eine Versicherung abgeschlossen haben.

Aus diesem Sachverhalt kann also ein weiterer statistischer Syllogismus abgeleitet werden, der die These erhärtet, dass Keiko Sommer eine männliche Person ist. Wir werden uns dieses Argument etwas genauer ansehen, weil wir daraus einige wertvolle Informationen über die möglichen Schwachstellen von statistischen Syllogismen gewinnen können. Rekonstruieren wir zuerst das Argument:

80 % der Kunden, die über die Bank 500 eine Versicherung abgeschlossen haben, sind männlichen Geschlechts.

Keiko Sommer ist ein Kunde, der über die Bank 500 eine Versicherung abgeschlossen hat.

Daher: Keiko Sommer ist wahrscheinlich männlichen Geschlechts.

Dieses Argument ist ziemlich vernünftig. Die Konklusion wird durch die Prämissen sehr wahrscheinlich gemacht.

Wovon hängt die Stärke eines statistischen Syllogismus genau ab? Sie hängt davon ab, welcher Wert für „X" in unserem Schema eingesetzt werden kann. Denken Sie daran, dass es sich dabei um keinen Zahlenwert handeln muss, es kann auch eine ungefähre Größenangabe sein:

- Wenn X nahe bei 100 liegt, dann liegt ein sehr starkes Argument vor. Die Prämissen haben dann eine sehr starke Stützungskraft für die Konklusion.

- Wenn X gleich 50 ist, so stützen die Prämissen die Konklusion nicht. Sie stützen in diesem Fall nämlich die Verneinung der Konklusion in gleichem Maße.

- Wenn X kleiner als 50 ist, dann stützen die Prämissen nicht die Konklusion, sondern eher die Verneinung der Konklusion, also „a ist nicht G."

- Wenn X in der Nähe von 0 liegt, so stellen die Prämissen eine starke Stützung für „a ist nicht G" dar.

Die Stärke eines statistischen Syllogismus hängt aber nicht nur vom Wert für X ab, sondern auch davon, ob wirklich alle Informationen berücksichtigt wurden, die für die Richtigkeit der Konklusion ausschlaggebend sein können. Um diesen Aspekt genau zu verstehen, kehren wir zu unserem Beispiel zurück: Stellen Sie sich vor, Jens findet heraus, dass Keiko Sommer zu den Kunden gehört, die in einen von der Bank 500 aufgelegten Investmentfonds ökologisch und ethisch orientierter Unternehmen investiert haben. Nun zeigt ihm eine Statistik, dass nur zehn Prozent der Anleger dieses Ethik-Fonds Männer sind. Daraus kann folgender statistischer Syllogismus abgeleitet werden:

Nur zehn Prozent der Anleger des Ethik-Fonds sind Männer.

Keiko Sommer hat in den Ethik-Fond investiert.

Daher: Keiko Sommer ist sehr wahrscheinlich kein Mann.

Nun haben wir drei vernünftige Argumente. Zwei führen uns zur Konklusion, dass Keiko Sommer ein Mann ist, das dritte zur Konklusion, dass Keiko Sommer kein Mann ist. Was tun?

Sammeln Sie Informationen

Wenn Sie einen statistischen Syllogismus benutzen, müssen Sie darauf achten, möglichst alle relevanten Informationen zu berücksichtigen (vollständige Information). In unserem Beispiel müssten alle Informationen beachtet werden, die die Frage danach, ob Keiko Sommer ein Mann ist, beeinflussen können. Jens überprüft daher, ob Kunden, die eine Versicherung über die Bank 500 abgeschlossen und die in den Ethik-Fond investiert haben, eher weiblichen oder eher männlichen Geschlechts sind. Dabei findet er heraus, dass nur drei Prozent dieser speziellen Kundengruppe Männer sind. Daraus konstruiert er folgenden statistischen Syllogismus:

3 Prozent aller Kunden, die über die Bank 500 eine Versicherung abgeschlossen und in den Ethik-Fond investiert haben, sind Männer.

Keiko Sommer hat über die Bank 500 eine Versicherung abgeschlossen und in den Ethik-Fond investiert.

Daher: Keiko Sommer ist sehr wahrscheinlich kein Mann, sondern eine Frau.

Die Vervollständigung der Informationen führt Jens also zu dem Schluss, dass Keiko Sommer sehr wahrscheinlich eine Frau ist. Da bleibt nur noch die Sache mit dem männlichen Vornamen. Das verwirrt Jens etwas. Aber diese Verwirrung löst sich auf, als er am Abend beim Essen in einem japanischen Restaurant eine weibliche Bedienung kennenlernt, die den Namen „Keiko" trägt. „Keiko" ist nämlich ein typisch japanischer Frauenname.

Das Fazit: Statistische Syllogismen sind fehlerhaft, wenn nicht alle relevanten Informationen berücksichtigt werden, die die Wahrscheinlichkeit der Konklusion beeinflussen können. Um zu entscheiden, ob eine Information relevant ist, müssen Sie Ihr Hintergrundwissen aktivieren. Sie sollten sich fragen: Was alles könnte die Richtigkeit der Konklusion beeinflussen?

Natürlich können wir nie sicher sein, dass wirklich alle Informationen berücksichtigt wurden. Oft müssen wir Entscheidungen schnell aufgrund der uns nur begrenzt zur Verfügung stehenden Informationsmenge treffen. Wir können uns aber bewusst die Frage stellen: Wurden wichtige Informationen übersehen? Ein Moment des Nachdenkens kann hier hilfreich sein. Wir müssen aufpassen, dass wir wichtige Informationen nicht aufgrund von Nachlässigkeit oder gar Vorurteilen ignorieren – sonst kann es, wie im folgenden Beispiel, leicht zu einem Denkfehler kommen.

Beispiel

 Bei LogoZing möchte man ein japanisches Unternehmen als Kunden gewinnen. Anton, der Geschäftsführer, erläutert, welche Argumentationsstrategie gewählt werden sollte: „Wir sollten die Geschäftsleitung von Nakamura dadurch zu überzeugen versuchen, dass sie ihren Gewinn erhöhen können, wenn Sie uns als Partner wählen. Immerhin ist ja der Profit der wichtigste Erfolgsmaßstab für jedes Unternehmen."

In Antons Argument steckt folgender statistischer Syllogismus:

Für jedes Unternehmen ist der Profit der wichtigste Erfolgsmaßstab.

Nakamura ist ein Unternehmen.

Daher: Für Nakamura ist wahrscheinlich der Profit der wichtigste Erfolgsmaßstab.

Anton übersieht jedoch, dass Nakamura ein japanisches Unternehmen ist. Für japanische Unternehmen spielt aber traditionell der Marktanteil eine äußerst wichtige, wenn nicht noch größere Rolle als der Profit.

Argumentieren in der Praxis

Einen statistischen Syllogismus setzen Sie ein, um zu zeigen, dass das, was in einem allgemeinen Fall wahr oder auch falsch ist, auch in einem speziellen Fall wahr oder falsch ist. Testen Sie diese Argumentform durch folgende Fragen:

▪ Ist die im Argument vorkommende statistische Prämisse überhaupt vernünftig und akzeptabel?

▪ Wurden alle relevanten Informationen in Betracht gezogen?

▪ Wurden möglicherweise wichtige Informationen übersehen?

Das Autoritätsargument

Ob im Alltagsgespräch, im Meeting oder bei einer Podiums-diskussion – wer seine Argumente mit Expertenmeinungen oder wissenschaftlichen Studien untermauern kann, hat einen starken Trumpf in der Hand.

Beispiel

„Habe ich's mir doch gedacht", sagt Holger und wirft seiner Frau einen triumphierenden Blick zu, „ein Nickerchen am Mittag ist gut für den Menschen. Hier steht es schwarz auf weiß: Wer einnickt, arbeitet besser ... Wissenschaftler haben jetzt nach-gewiesen, dass die kleine Extraportion Schlaf keineswegs eine unproduktive Ausfallzeit ist – ganz im Gegenteil. Die Auswer-tung von Biosignalen wie Herz- und Hirnfunktion bei Testperso-nen hat eindeutig ergeben, dass das Nickerchen am Arbeitsplatz die geistige Leistungsfähigkeit ebenso verbessert wie die allge-meine Verfassung, das Gedächtnis und die Herzfunktion. Jetzt kannst du sicher verstehen, warum ich mich nach dem Mittag-essen erst einmal hinlegen muss."

Holger versucht seine Frau davon zu überzeugen, dass ein Nickerchen gut für die Gesundheit des Menschen sei. In sei-ner Begründung bezieht er sich auf Wissenschaftler und deren Untersuchungen. Holger benutzt ein sogenanntes Autoritätsargument.

Expertenmeinung

Der Bezug auf Autoritäten ist durchaus sinnvoll: Jeder von uns hängt zu einem gewissen Grad von den Ratschlägen ab, die wir von Fachleuten bekommen. Der Zahnarzt empfiehlt, zwei Zähne behandeln zu lassen, weil sie kariös sind. Der

Designer befragt den Ingenieur zu bestimmten Materialeigenschaften und Herstellungsverfahren. Der Anwalt rät uns, mit dem Nachbarn zunächst eine gütliche Einigung zu suchen. Dies alles sind Fälle, in denen man sich von einem Experten davon überzeugen lässt, bestimmte Dinge zu tun oder zu unterlassen. Expertenmeinungen dienen uns dazu, Standpunkte und Behauptungen zu begründen, anstatt direkte Belege und Gründe anzuführen. Solche Autoritätsargumente können vernünftige und brauchbare Argumente sein, obwohl es sich bei ihnen in den meisten Fällen nur um schwache Argumente, also um LowPower-Argumente handelt.

Die Berufung auf die Meinung von Fachleuten gründet sich auf unsere Erfahrung, dass Experten in der Regel recht haben, wenn sie Aussagen auf einem Gebiet machen, in denen sie als Autorität anerkannt sind. Dabei muss es sich bei der Berufung auf Experten nicht immer um Personen handeln. Auch Institutionen oder Schriften können als Autorität fungieren: Der Priester begründet die Pflicht zur Nächstenliebe mit Bezug auf die Bibel. Politiker begründen eine Gesetzesänderung mit Bezug auf ein Gutachten. Manager begründen eine Entscheidung mit einer Wirtschaftlichkeitsstudie der Finanzabteilung.

Auch verstehen wir unter einem Experten nicht nur einen Spezialisten auf einem bestimmten wissenschaftlichen Gebiet. Ein Experte ist im Grunde jeder, der sich in einer speziellen Wissensposition befindet, entweder aufgrund seiner Erfahrungen oder aufgrund seines praktischen und theoretischen Wissens.

Beispiel

 Das Unternehmen AlphaZet möchte mit einem chinesischen Unternehmen Kontakt aufnehmen, um über ein mögliches Joint Venture zu verhandeln. Der Geschäftsführer spricht darüber mit einem Angestellten, der zwei Jahre in China gelebt hat.

Die Erfahrungen des Angestellten können als „Expertenmeinung" dienen, auch wenn der Angestellte kein Experte im Sinne eines wissenschaftlichen Spezialisten ist.

Das Autoritätsargument hat folgendes Schema:

X ist ein Experte auf dem Gebiet Z.

X erklärt, dass Aussage A wahr ist.

Aussage A gehört zum Gebiet Z.

Daher: Aussage A ist vermutlich richtig.

Am Prämissenteil dieses Schemas können Sie ermessen, was wichtige Erfolgsvoraussetzungen für ein brauchbares Autoritätsargument sind: Die Aussage A, die begründet werden soll, sollte zum Expertisefeld des Experten gehören, und der genannte Fachmann (Fachfrau) sollte tatsächlich auch ein Experte auf diesem Gebiet sein. Auch wenn diese Voraussetzungen erfüllt sind, bleiben Autoritätsargumente lediglich Plausibilitätsargumente. Sie verschieben die Beweislast auf die Seite desjenigen, der eine gegenteilige Behauptung aufstellen möchte.

Beispiel

> Zwei Designer bei der Robo GmbH, Martin und Christian, disku-
> tieren, welches Material für ihr neues Produkt am besten geeig-
> net sei: Kunststoff oder Metall. Martin steht auf dem Stand-
> punkt, Kunststoff sei das bessere Material: „Ich habe unsere
> Ingenieure gefragt, und alle haben gesagt, dass Kunststoff in
> jedem Fall besser sei als Metall. Ich finde, wir sollten daher
> Kunststoff verwenden."

Martin benutzt ein Autoritätsargument, um für die Konklusion zu argumentieren, dass Kunststoff für das neue Produkt
besser geeignet sei als Metall. Rekonstruieren wir das Argument mit Hilfe des Schemas:

Unsere Ingenieure sind Experten auf dem Gebiet der Materialkunde.

Die Ingenieure erklären, Kunststoff sei für das neue Produkt
besser geeignet als Metall.

Diese Aussage gehört zum Gebiet der Materialkunde.

Daher: Kunststoff ist für das neue Produkt besser geeignet
als Metall.

Wenn Christian jetzt immer noch auf dem Standpunkt steht,
Metall sei Kunststoff vorzuziehen, dann trägt er die Beweislast. Knifflig wird die Situation allerdings, wenn die Ingenieure ebenfalls zu unterschiedlichen Meinungen kommen. Dann
genügt es nicht, sich in der Argumentation auf Expertenmeinungen zu beziehen. Bei widersprechenden Expertenmeinungen muss tiefer geforscht werden.

Ein Autoritätsargument kann zwar ein sinnvolles Argument sein, aber wenn Ihnen ein starkes FullPower-Argument oder ein HighPower-Argument zur Verfügung steht, sollten Sie eher diesem vertrauen. Denn erstens können Experten durchaus geheime Interessen verfolgen, die sie in ihrem Urteil beeinflussen, und zweitens lässt sich fast für jede Behauptung irgendein vermeintlicher Experte finden. Deshalb sollten Sie Autoritätsargumente auch immer äußerst kritisch prüfen. Dabei gibt es einige Hauptfehler, die in Autoritätsargumenten immer wieder auftreten und die dieses LowPower-Argument zu einem NoPower-Argument machen:

- Vermeintliche Experten: Der herangezogene Experte ist gar kein Experte.
- Vager Bezug: Im Argument wird nur vage auf den Experten oder das Expertisefeld Bezug genommen.
- Fehlerhafte Interpretation: Der Standpunkt des Experten wird verfälscht.

Im Folgenden werden wir uns mit diesen drei potenziellen Fehlerquellen beschäftigen.

Vermeintliche Experten

Der erste Fehler entsteht auf folgende Weise: Man beruft sich auf einen Experten, um eine Konklusion zu stützen, die aus einem Bereich stammt, in dem der vermeintliche Experte gar keine Autorität darstellt. Wenn jemand in einem bestimmten Feld ein anerkannter Experte ist, bedeutet das nicht, dass seine Autorität in diesem Feld auch auf andere Gebiete übertragbar ist.

Dieser Fehler ist ein typisches Phänomen der Medienwelt. Da werden Popstars, Schauspieler, Sportler – die sicherlich in ihren jeweiligen Tätigkeitsfeldern als Experten bezeichnet werden können – zu Themen befragt, für die sie eigentlich keine Experten sind. Die Autorität dieser prominenten Persönlichkeiten gründet sich nicht auf spezielles Wissen, sondern auf ihre Popularität. Diese Popularität verschafft ihren Meinungen allerdings großes Gehör in der Öffentlichkeit. Nicht umsonst werden prominente Personen als wichtige Meinungsmacher betrachtet. Die Äußerungen eines Schauspielers oder Sportlers in einer Talkshow zur Regulierung der Finanzmarktbranche können mitunter eine größere Wirkung entfalten als die Aussagen des Wirtschaftsministers zum gleichen Thema – wobei wir von der optimistischen Annahme ausgehen, der Wirtschaftsminister sei Experte für Wirtschaftspolitik.

Vager Bezug

Der zweite Fehler in einem Autoritätsargument entsteht so: Der Bezug auf den Experten ist so vage, dass er entweder nicht genannt wird oder das relevante Expertisefeld unidentifiziert bleibt. Das passiert in folgendem Fall.

Beispiel

 Dr. Mahler, ein Vertreter der Wirtschaft, kommt bei einer Podiumsdiskussion zur Frage „Ist unser Sozialsystem noch finanzierbar?" auf das Thema „Renten" zu sprechen: „Es ist doch klar, dass es mit unserem Rentensystem so nicht weitergehen kann. Führende Wissenschaftler sind der Meinung, dass eine Rentenreform längst überfällig sei."

Dr. Mahler plädiert also für eine Reform des Rentensystems, und in seiner Begründung bezieht er sich auf „führende Wissenschaftler". Hier bleibt nicht nur ungenannt, um welche Wissenschaftler es sich handelt, es wird auch nicht geklärt, auf welchem Gebiet diese Wissenschaftler tätig sind. Ein solcher Bezug auf Experten kann ein hohes Maß an Überzeugungskraft beim Publikum entfalten, insbesondere dann, wenn das Publikum ohnehin bereits zur Meinung des Argumentierenden tendiert. Die Bezugnahme auf Experten wirkt dann wie eine kraftvolle Bestätigung dieser Meinung. Dem Publikum wird dabei suggeriert, an der Seite des Argumentierenden stehe eine Phalanx von Experten, die mit wissenschaftlicher Autorität die Konklusion zweifelsfrei begründen können. Das aber ist ein typisches NoPower-Argument. Die richtige Reaktion in einem solchen Fall ist natürlich eine präzise Frage: Wer sind die Experten genau? Auf welchem Feld sind sie Experten?

Fehlerhafte Interpretation

Ein dritter Fehler entsteht, wenn falsch interpretiert wird, was der Experte gesagt hat. Sie wissen, dass Experten sich oft in einer – zumindest für Laien – unverständlichen Sprache ausdrücken und dass sie oft Einschränkungen und Qualifikationen in ihre Aussagen einbauen. Wenn man nach einiger Zeit die Expertenmeinung wiedergibt, kann es leicht passieren, dass man einige Dinge verfälscht, verzerrt oder vereinfacht.

Beispiel

In einer Diskussion über die Gefahren von gewalttätigen Videospielen erklärt ein Wissenschaftler (Psychologe), dass es bisher zwar einige Indizien, aber noch keine eindeutigen Beweise dafür gebe, dass Videospiele mit gewalttätigen Inhalten tatsächlich zu gewalttätigem Verhalten führen. Zu einem späteren Zeitpunkt wird der Wissenschaftler in einem Zeitungsartikel mit den Worten wiedergegeben, es gebe keine Belege dafür, dass Videospiele zu mehr Gewalt führen.

Die Wiedergabe der Äußerung des Wissenschaftlers legt nahe, es gebe nicht nur keine eindeutigen Beweise, sondern nicht einmal brauchbare Indizien, die darauf hinweisen, dass Videospiele mit gewalttätigen Inhalten tatsächlich mehr Gewalt zur Folge haben. Dies stellt jedoch eine grobe Vereinfachung der Aussage des Wissenschaftlers dar. Wenn Sie auf Autoritätsargumente stoßen, sollten Sie daher fragen: Kann überprüft werden, was der Experte wirklich gesagt hat? Kann es sein, dass wichtige Einschränkungen außer Acht gelassen wurden, als man den Experten zitierte? Ist das, was der Experte sagt, klar zu verstehen?

Wissenschaftliche Studien

Eine gern genutzte Spielart von Autoritätsargumenten ist die Bezugnahme auf wissenschaftliche Studien oder Forschungsergebnisse. Das Argumentationsmuster hat in diesem Fall folgende Gestalt:

Studie X hat gezeigt, dass Sachverhalt H besteht.

Daher: Sachverhalt H besteht oder ist richtig.

Diese Version des Autoritätsarguments wird häufig durch folgende Wendungen eingeleitet:

- Studien zeigen
- Die neuesten Forschungsergebnisse beweisen
- Eine Untersuchung der Universität X hat deutlich gemacht
- In einer Untersuchung wurde herausgefunden

Wissenschaftliche Ergebnisse tragen ein ganz besonderes Prestige mit sich. Was in einer wissenschaftlichen Studie gezeigt wurde, hat in unserer Wissensgesellschaft einen hohen Stellenwert. Aber nur weil eine Behauptung bzw. Konklusion Ergebnis einer wissenschaftlichen Studie ist, verbürgt dies nicht ihre Richtigkeit. Mit Forschungsstudien können nämlich ganz unterschiedliche Schwierigkeiten verbunden sein:

1 Zuallererst gibt es gute und schlechte Forschung. Die bloße Veröffentlichung einer wissenschaftlichen Studie sagt noch nichts über die Qualität des Forschungsergebnisses aus.

2 Eine einzige Studie ist noch nicht sehr aussagekräftig. Vielmehr ist zu fragen: Ist das Ergebnis auch von anderen Forschern verifiziert worden? Gerade die Reproduzierbar-

keit der Untersuchungsergebnisse ist ein Merkmal guter Forschung.

3 Studien liefern uns keine strikten Beweise. Sie stützen Konklusionen bis zu einem gewissen Grad oder machen sie wahrscheinlich. Die Daten, die einer Studie zugrunde liegen, müssen immer interpretiert werden. Man müsste daher eigentlich stets die qualifizierende Bemerkung einbauen: „So wie die Autoren der Studie die Daten interpretieren, machen sie die Konklusion wahrscheinlich, dass …"

4 Reine, objektive und unbeeinflusste Forschungsergebnisse sind ein Ideal: Die Interessen, Werte und Präferenzen des Forscher beeinflussen stets auch die Ergebnisse.

5 Es ist immer zu fragen, inwiefern die Forschungsergebnisse die Realität abbilden. Forschungen finden ja meistens unter Laborbedingungen, das heißt unter speziellen künstlichen Rahmenbedingungen, statt.

6 Forschungsergebnisse sind wandelbar. Was heute noch als belegte Tatsache gilt, kann sich morgen schon als Fiktion herausstellen.

Argumentieren in der Praxis

Autoritätsargumente sind, vom Standpunkt des logischen Argumentierens aus betrachtet, eher schwache Argumente. Sie können jedoch sehr mächtig sein, wenn man sie in Gesprächen und Diskussionen einsetzt. Warum?

Wenn Sie ein Autoritätsargument benutzen, in dem Sie einen Experten oder eine wissenschaftliche Studie zitieren, errichten Sie eine weitere Argumentationsfront. Ihr Gesprächspartner muss nämlich nicht nur gegen Sie argumentieren, sondern auch gegen den zitierten Experten. Das kann ihn in eine schwierige Lage bringen. Oft denken die Gesprächspartner nämlich gar nicht daran, den Experten selbst in Zweifel zu ziehen. Wer traut sich schon, einfach die Forschungsergebnisse eines Professors oder gar einer Professorengruppe als falsch oder irrelevant zu bezeichnen? Eine Möglichkeit für unser Gegenüber wäre natürlich, ein Gegenargument aufzubauen, indem er andere Experten zitiert. Sie können fast wetten, dass immer ein Experte gefunden werden kann, der etwas Gegenteiliges behauptet.

Um ein Autoritätsargument zu testen, gibt es eine Reihe von kritischen Fragen, die Sie stellen können:

- Ist X wirklich ein Experte auf dem Gebiet Z?
- Hat X die Aussage A wirklich gemacht?
- Gehört die Aussage A überhaupt zum Expertisefeld Z des Experten?
- Passt A mit anderen Dingen, die der Experte sagt, zusammen oder widerspricht sich der Experte?
- Ist A konsistent mit anderen Belegen, die wir von Feld Z kennen?

Wie bei der Prüfung des Expertenstatus einer Person gilt es auch bei wissenschaftlichen Studien, eine Reihe von Fragen zu stellen, um die Zuverlässigkeit der Argumentation zu testen. Wer sich also in seiner Argumentation auf Studien beruft, dem können Sie folgende kritische Fragen stellen:

- Auf welche Quelle beruft sich der Argumentierende bei seiner Bezugnahme auf wissenschaftliche Studien?

- Wie ist die Qualität der Studie zu beurteilen?

- Wurde die Studie wiederholt und durch andere Forscher verifiziert?

- Wurden Studien unterschlagen, die zu anderen Ergebnissen kommen?

- Ist es möglich, dass die Studie verzerrt ist?

- Sind die Ergebnisse der Studie auf die Realität übertragbar?

- Wie stark können die Ergebnisse verallgemeinert werden?

Das Analogieargument

In Analogieargumenten nutzen wir die Ähnlichkeit verschiedener Sachverhalte, um einen bestimmten Standpunkt, eine bestimmte Konklusion, zu untermauern.

Beispiel

 Im Plenarsaal erklärt der Regierungsvertreter Rudi Hartmann, warum man entschieden hat, Soldaten ins Krisengebiet im Nahen Osten zu entsenden: „Meine Damen und Herren, unsere Entscheidung war absolut zwangsläufig und aus humanitären Gründen alternativlos. Wenn jemand ins Wasser gefallen ist, werden sie auch nicht tatenlos dabeistehen und zusehen, wie der Ertrinkende um sein Leben kämpft. Sie werden beherzt eingreifen. Und so geht es auch uns bei dieser schweren Entscheidung um die Rettung von Menschenleben in der Zivilbevölkerung."

Rudi Hartmann bringt in seinem Redeausschnitt ein ganz spezielles Argument als Begründung für die Entscheidung der Regierung, Truppen ins Krisengebiet zu schicken. Er benutzt ein Analogieargument. Dieser Argumentationstyp ist ein wirkungsvolles Instrument, um Zuhörer auf die eigene Seite zu ziehen oder einen Standpunkt anzugreifen. Der Kern eines Analogiearguments ist ein Vergleich, den wir zwischen verschiedenen Fällen herstellen, oder eine Ähnlichkeit, die wir zwischen unterschiedlichen Situationen sehen. Analogieargumente sind Plausibilitätsargumente, also LowPower-Argumente.

Ein Analogieargument ist nach folgendem Schema aufgebaut:

Die Situation (Fall, Sache) S1 ist ähnlich zu Situation (Fall, Sache) S2.

A ist in S1 wahr (falsch).

Daher: A ist in S2 wahr (falsch).

Rudi Hartmanns Argument können wir mit Hilfe dieses Schemas rekonstruieren:

In einer Notsituation muss man dem Ertrinkenden helfen.

Die gegenwärtige Situation im Krisengebiet im Nahen Osten ist wie eine solche Notsituation.

Daher: Man muss den Menschen im Krisengebiet helfen, indem man Soldaten entsendet.

Ein Analogieargument beruht auf einer Analogie – wer hätte das gedacht! In einer Analogie werden zwei Dinge oder Situationen verschiedener Art miteinander verglichen. Bei diesem Vergleich stellt man gewisse Ähnlichkeiten zwischen den Dingen oder Situationen her. Zwei Situationen oder Dinge gelten als analog, wenn sie einander in gewissen Hinsichten ähnlich sind. Rudi Hartmann stellt in der zweiten Prämisse seines Arguments eine Analogie zwischen der Situation im Krisengebiet und der Notsituation eines Ertrinkenden her. In seiner ersten Prämisse formuliert er die Forderung, dass man Ertrinkenden helfen muss. Zusammen mit der zweiten Prämisse schließt er daraus, dass auch den Menschen im Krisengebiet aktiv geholfen werden muss. Das Aufstellen einer Analogie ist der entscheidende Schritt in einem Analogieargument.

Der folgende Fall ist ein anschauliches Beispiel für ein Analogieargument, das genau nach unserem Schema aufgebaut ist. Es stammt aus der Arzneimittelforschung.

Beispiel

 Ratten sind Menschen in physiologischer Hinsicht sehr ähnlich. Da Medikament X bei Ratten keine unerwünschten Nebenwirkungen zeigt, wird es auch beim Menschen keine unerwünschten Nebenwirkungen hervorrufen.

Dass Ratten Menschen in physiologischer Hinsicht sehr ähnlich sind, ist die zentrale Analogiebehauptung und die erste Prämisse. Die zweite Prämisse ist, dass keine Nebenwirkungen auftraten, wenn Ratten das Medikament X verabreicht wurde. Daraus wird geschlossen, dass auch beim Menschen keine Nebenwirkungen auftreten.

Analogieargumente können zwar brauchbare Argumente sein, aber ihre Überzeugungskraft beruht auf der Stärke der Analogie, die im Argument benutzt wird. Das Problem dabei ist, festzustellen, wie stark die Relevanz der behaupteten Ähnlichkeit ist. Die zentrale Frage lautet: Sind die verglichenen Dinge oder Situationen in einer für das Argument relevanten Hinsicht einander ähnlich? Kann die Situation eines Ertrinkenden tatsächlich mit der Lage im Krisengebiet verglichen werden wie in Rudi Hartmanns Argument?

Sind die Ähnlichkeiten relevant?

Die Stärke eines Analogiearguments gründet sich auf die Stärke der relevanten Ähnlichkeiten. Je mehr relevante Ähnlichkeiten, umso stärker das Argument. Wie steht es mit unserem Beispiel aus der Arzneimittelforschung? Ratten und Menschen sind sich natürlich in vielerlei Hinsicht unähnlich. Wenn uns jedoch interessiert, wie die Wirkung eines Medikaments ausfällt, dann sind in erster Linie die physiologischen Eigenschaften eines Organismus relevant. In dieser Hinsicht sind Ratten und Menschen einander ähnlich. Dieses Argument ist daher ein sehr starkes Analogieargument.

Die Frage, ob die Dinge, die miteinander verglichen werden, in relevanter Weise einander ähnlich sind, ist oft schwierig zu beantworten. Klar dürfte jedoch sein, dass logische Überlegungen allein nicht ausreichen, um die Relevanzfrage zu klären. Vielmehr benötigt man Tatsachenwissen, um diese

Frage zu entscheiden. Wir benötigen Wissen aus Biologie und Chemie, um zu entscheiden, welches die relevanten Faktoren zur Bestimmung der Wirkungsweise eines Medikaments sind.

Strategien gegen schwache Analogieargumente

Analogieargumente sind immer dann fehlerhaft, wenn keine relevanten Ähnlichkeiten bestehen. Deshalb scheint auch Rudi Hartmanns Analogieargument auf wackeligen Beinen zu stehen. Denn einer der wunden Punkte seines Arguments liegt genau da, wo eine Ähnlichkeit zwischen dem Erleben der Notsituation eines Ertrinkenden und der Situation im Krisengebiet behauptet wird. Genau an der Stelle kann seine Position angegriffen und zu Fall gebracht werden. Dies könnte auf zweifache Weise geschehen:

- Es wird erstens ein wichtiger Aspekt aufgezeigt, in dem die beiden Situationen einander unähnlich sind.

- Es wird zweitens eine Gegenanalogie gebracht, durch die Rudi Hartmanns Argument geschickt gekontert werden kann. Exakt dies geschieht im folgenden Beispiel.

Beispiel

Im Anschluss an Rudi Hartmanns Rede gibt es eine Diskussion. Dabei meldet sich Paul Sinz zu Wort: „Verehrter Kollege, zum Schluss Ihrer Rede haben Sie einen Vergleich gezogen zwischen der Situation eines Ertrinkenden, dem wir jederzeit zu Hilfe eilen würden, und der Situation im Krisengebiet. Dieser Vergleich hinkt natürlich gewaltig. Denn, Sie wissen sicher auch, dass das Eingreifen in einer persönlichen Notsituation eines Menschen eine andere Form des Eingreifens darstellt als das Eingreifen eines Staates in einer Kriegssituation in einem

> anderen Land. Ihre Entscheidung, Truppen zu entsenden, ist wie
> das Verhalten eines Anfängers im Schachspiel, der nur einen
> Zug vorausdenken kann, aber nicht die weiteren Konsequenzen
> ins Kalkül zieht."

Paul macht also zuerst auf einen Aspekt aufmerksam, der
eine wichtige Disanalogie zwischen den beiden Notsituatio-
nen aufgreift. Je überzeugender diese Disanalogie ist, umso
weniger plausibel wird das ursprüngliche Analogieargument.
Im zweiten Schritt kontert Paul Sinz Hartmanns Argument
zusätzlich durch eine Gegenanalogie. Diese Strategie – das
Aufstellen einer Gegenanalogie – kann eine effektive Metho-
de sein, um die Position des Gegenübers zu erschüttern. Denn
das ursprüngliche Analogieargument verliert dadurch an
Überzeugungskraft und somit an Wert.

Situationen vergleichen

An dieser Stelle wollen wir Sie noch auf eine spezielle Variante der Analogieargumente hinweisen. Man setzt sie ein,
um konkrete Handlungsempfehlungen zu geben. Hier ist das
Schema:

In Situation S1 war es richtig, H zu tun.

Situation S2 ist ähnlich zu Situation S1.

Daher: Es ist richtig, in S2 H zu tun.

Das folgende Beispiel soll dieses Schema illustrieren.

Beispiel

 Die Abteilungsleitungen einer Klinik überlegen, wie man die Organisation noch effektiver und kostengünstiger gestalten kann. Der Chefarzt argumentiert: „Die Auslagerung unserer Fort- und Weiterbildungsabteilung im letzten Jahr hat unsere Personalentwicklung effektiver gemacht und Kosten gesenkt. Es war eine gute Entscheidung, diese Abteilung nach draußen zu geben. Jetzt stehen wir wieder vor der Frage, wie wir unsere Organisation straffer aufbauen können. Ich kann mir vorstellen, dass es positive Effekte hat, auch unsere Küchenabteilung auszulagern, und dadurch sowohl unsere Kosten zu minimieren als auch unsere Leistungen zu verbessern."

Der Chefarzt benutzt ein Analogieargument, um die Konklusion zu stützen, dass es gut (richtig) sein könnte, die Küchenabteilung auszulagern. Dieses Argument könnten wir nach unserem Schema so rekonstruieren:

Im letzten Jahr, als es um die Frage der Organisationsgestaltung ging, war es richtig, die Fort- und Weiterbildungsabteilung auszulagern.

Wir stehen jetzt wieder vor der Frage, wie unsere Organisation effektiver gestaltet werden kann.

Daher: Es ist richtig, dieses Mal unsere Küchenabteilung auszulagern.

Argumentieren in der Praxis

Wenn Sie den Gesprächspartner oder Adressaten von Ihrem Standpunkt überzeugen wollen, können Sie Analogieargumente besonders dann sehr effektiv einsetzen, wenn Sie einen Vergleich zu einer Situation herstellen, mit der der Adressat sehr vertraut ist oder die beim Adressaten positive Gefühle weckt. Auf diese Weise entwickeln Analogieargumente eine starke suggestive Kraft.

Analogieargumente testen Sie durch folgende kritische Fragen:

- Sind die genannten Dinge oder Situationen wirklich in einer relevanten Hinsicht einander ähnlich? Oder gibt es wichtige Unterschiede?
- Gibt es Unterschiede zwischen den beschriebenen Situationen oder Dingen, die die behauptete Ähnlichkeit untergraben könnten?

Wenn Sie ein Analogieargument angreifen wollen, können Sie das am elegantesten mit einer Gegenanalogie. Nutzen Sie dabei die Analogie, die Ihr Gesprächspartner genannt hat und verändern Sie sie so, dass sie in Ihre Argumentationsrichtung gelenkt wird. Wenn Sie Erfolg haben, wird Ihr Gesprächspartner zugeben, dass seine Analogie vielleicht insgesamt nicht so glücklich war. Dadurch wird er Punkte beim Publikum verlieren.

Das Kausalargument

Unser Bedürfnis nach plausiblen Erklärungen ist groß. Manchmal knüpfen wir deshalb Zusammenhänge, die gar nicht bestehen, wie im folgenden Beispiel.

Beispiel

> Am Tag als die Doria mit dem schwedischen Schiff Grisholm zusammenstieß, kehrte Eva S. gerade in ihre Kabine auf der Doria zurück und betätigte den Lichtschalter. In diesem Moment ging ein Riesenruck durch das Schiff und ohrenbetäubender Lärm drang durch die Räume. Die Passagiere stürzten aus ihren Kabinen und liefen in Panik an Deck. Eva S. floh aus ihrer Kabine und der ersten Person, die sie traf, erklärte sie verzweifelt, dass sie aus Versehen die Notbremse gezogen habe.

Eva glaubte also, dass sie die Ursache dafür war, dass das Schiff stoppte. Sie stellte einen Kausalzusammenhang her zwischen dem Betätigen des Schalters und dem plötzlichen Halt des Schiffes. In vielen unserer Argumente spielt Wissen über Kausalzusammenhänge eine wichtige Rolle. Wir nennen Argumente, die auf Kausalzusammenhängen beruhen, Kausalargumente. Was ist ein Kausalzusammenhang?

Zwischen zwei Ereignissen besteht ein Kausalzusammenhang, wenn die zwei Ereignisse in einem Ursache-Wirkungs-Verhältnis zueinander stehen. Zum Beispiel: Das Umdrehen des Zündschlüssels bewirkt das Ingangsetzen des Motors. Aber auch wenn zwei Ereignisse eine gemeinsame Ursache haben, kann man davon sprechen, dass ein Kausalzusammenhang zwischen beiden Ereignissen existiert, in diesem Fall kein direkter, sondern ein indirekter. Beispielsweise bewirkt die zunehmende Verstädterung eine Zunahme an Verkehr sowie eine Erhöhung der Mietpreise.

Kausalargumente spielen in unseren täglichen Überlegungen und Gesprächen eine wichtige Rolle. Sie dienen dazu, auf

Ereignisse zu schließen, die wir nicht unmittelbar wahrnehmen können; sie sind Bestandteil von Erklärungen menschlichen Verhaltens. Da wir in der Regel keine wissenschaftlichen Untersuchungen vornehmen, sind die Kausalargumente, die wir im Alltag einsetzen, meistens LowPower-Argumente, also eine schwache Argumentform, die dazu dient, die Konklusion plausibel zu machen. Kausalargumente treten in verschiedenen Formen auf. Wir werden zwei wichtige und gebräuchliche Varianten etwas genauer unter die Lupe nehmen: Kausalschlüsse (und die vier wichtigsten Fallstricke von Kausalschlüssen) sowie im Anschluss daran die Schlüsse von der Ursache auf die Wirkung.

Der Kausalschluss

Die erste wichtige Argumentform eines Kausalarguments sieht so aus: Aus der (positiven) Korrelation zweier Ereignisse A und B wird geschlossen, dass A Ursache von B ist. Zwei Ereignisse treten also zusammen auf (positive Korrelation). Wir schließen daraus, dass ein Ereignis Ursache des anderen ist. Wir können diese Form des Kausalarguments Kausalschluss nennen. Kausalschlüsse sind deshalb sehr wichtig, weil sie Grundlage für Erklärungen von Verhaltensweisen oder Ereignissen bilden. Typische Beispiele sind Aussagen wie: „Wenn es Winter wird, treten vermehrt Autounfälle auf." „Wenn wir die Preise senken, dann werden die Konkurrenten nachziehen." „Wenn ich Medikament X nehme, verschwinden meine Kopfschmerzen."

Oft ziehen wir einen Kausalschluss bereits aus einer einzigen Beobachtung. In dem Fall genügt uns schon, dass wir einmal erlebt haben, dass zwei Ereignisse zusammen auftreten, um daraus abzuleiten, dass das eine Ereignis die Ursache des zweiten ist. So lernen kluge und einmal gebrannte Kinder, Feuer zu scheuen.

Allgemein hat ein Kausalschluss folgende Form:

Es besteht eine positive Korrelation zwischen A und B.

Daher: A ist Ursache von B.

Im Fall des Schiffsunglücks zieht Eva einen Kausalschluss nach genau diesem Schema. Sie bemerkt eine positive Korrelation zwischen zwei Ereignissen: dem Einschalten des Schalters und dem abrupten Stopp des Schiffes. Daraus leitet sie sofort die Schlussfolgerung her, dass die Betätigung des Schalters den Stopp bewirkt haben muss.

Wenn wir dieses Kausalschluss-Schema betrachten, wird uns sofort eine ganze Reihe von Situationen einfallen, in denen das Schema nicht richtig ist. Denn wir können nicht aus jeder positiven Korrelation auf eine direkte Kausalbeziehung schließen. Es gibt einige Fehlerquellen, die mit diesem Schlussschema verbunden sind und auf die wir aufpassen müssen. Im folgenden Teil werden wir Ihnen die vier wichtigsten potenziellen Fallstricke von Kausalargumenten vorstellen: die Zufallskorrelation, die Verwechslung der Ursache mit der Wirkung, den Fehler der gemeinsamen Ursache, die Vernachlässigung kausaler Zwischenglieder.

Zufallskorrelation

Der erste Fehler entsteht, wenn die Zahl der beobachteten Korrelationen zwischen A und B viel zu klein ist, um puren Zufall (Zufallskorrelation) ausschließen zu können. Allgemein handelt es sich bei diesem Fehler um eine unzureichende Statistik.

Dieser Fehler der zu geringen Datenbasis unterläuft auch Eva in unserer Anfangsgeschichte. Denn die Korrelation, die sie zwischen dem Einschalten des Lichtschalters und dem Halt des Schiffes erlebt, ist nur eine schwache Evidenz dafür, dass das Einschalten den Halt tatsächlich verursacht hat. Wenn man nur aus einer einzigen oder aus sehr wenigen Korrelationen auf eine direkte Kausalbeziehung schließt, ist das Risiko sehr groß, dass das Argument fehlschlägt. Daher ist auch Ninas Argument fragwürdig.

Beispiel

 Nina unterhält sich beim Mittagessen in der Kantine mit ihrer Kollegin Sandra. Sie sprechen von einem Kollegen, der kürzlich zum Abteilungsleiter befördert wurde und sich nun ganz anders als früher benehme. Nina entwickelt eine These: „Ich habe jetzt schon ein paar Mal erlebt, dass, wenn Kollegen befördert werden, sie plötzlich völlig verändert sind. Sie werden dann zu richtigen Ekeln. Eine Beförderung verändert die Persönlichkeit."

Nina ist der Meinung (Konklusion), dass eine Beförderung die Persönlichkeit eines Menschen verändere. Diese Kausalmeinung gründet sie auf die Beobachtung, dass eine Beförderung einige ihrer Kollegen zu „richtigen Ekeln" werden ließ. Abgesehen davon, dass Ausdrücke wie „richtiges Ekel" und „Persönlichkeit" sehr unklare Begriffe darstellen, ist natürlich die Frage, ob Ninas Erfahrungen tatsächlich einen solchen Kausalschluss zulassen. Wird durch die Beförderung tatsächlich die Persönlichkeit eines Menschen verändert? Ist es nicht wahrscheinlich eher so, dass die Übernahme einer Führungsaufgabe mit einer neuen Rolle verbunden ist, die für die Verhaltensänderungen einiger Menschen verantwortlich ist?

Der Fehler, dass eine zufällige Korrelation für eine Kausalbeziehung gehalten wird, kann selbst dann auftreten, wenn sehr viele Beobachtungen die Grundlage bilden. Dazu gibt es ein interessantes Beispiel aus Wesley C. Salmons Buch „Logik".

Beispiel

 Man berichtet, dass man im alten China der Meinung war, eine partielle Mondfinsternis sei darauf zurückzuführen, dass ein Drache gerade dabei sei, den Mond zu verschlingen. Um den Drachen zu vertreiben, brannte man Feuerwerkskörper ab. Tatsächlich beobachtete man nach dem Abbrennen, dass der Mond vom Drachen unversehrt zurückgelassen wurde. Die Versuche waren immer erfolgreich, denn der Mond nahm immer wieder zu. Man zog daher den Kausalschluss, dass eine direkte Kausalbeziehung zwischen dem Feuerwerk und dem Zunehmen des Mondes besteht.

Der Grundfehler dieser Überlegung besteht darin, dass man ein bloß zufälliges Zusammentreffen von Ereignissen irrtümlich für einen Kausalzusammenhang gehalten hat. Um diesem Fehler vorzubeugen und um einen Kausalschluss zu stärken, sollten Sie daher diese Fragen stellen:

- Gibt es eine positive Korrelation zwischen den Ereignissen A und B?
- Gibt es eine ausreichende Zahl beobachteter Fälle der Korrelation zwischen A und B?

Selbst wenn man diese Fragen positiv beantwortet, kann ein Kausalschluss in die Irre führen. Das zeigen die folgenden Überlegungen.

Verwechslung von Ursache und Wirkung

Oft wird der Fehler gemacht, dass Ursache und Wirkung miteinander verwechselt werden. Denn an einer bloßen Korrelation ist nicht immer abzulesen, in welche Richtung die Kausalbeziehung geht. Zur Verwechslung von Ursache und Wirkung gibt es ein klassisches Beispiel.

Beispiel

 Die Bewohner einer kleinen Insel hatten über Jahrhunderte hinweg beobachtet, dass vollkommen gesunde Menschen stets von Läusen befallen waren, während kranke Menschen keine Läuse hatten. Sie schlossen daraus, dass Läuse dazu dienen, Menschen gesund zu halten.

Was hier wirklich geschah, war jedoch Folgendes: Sobald ein Mensch krank wurde und Fieber bekam, stieg die Körpertemperatur. Das empfanden die Läuse offenbar als so unangenehm, dass sie das Weite suchten. Tatsächlich war also ein gesunder Körper dafür verantwortlich, dass sich Läuse einnisteten – und nicht umgekehrt.

Die Frage, welches Ereignis die Ursache und welches Ereignis die Wirkung darstellt, kann entschieden werden, wenn die zeitliche Reihenfolge der Ereignisse bekannt ist. In einigen Situationen kann es aber sehr schwierig oder sogar unmöglich sein, festzustellen, welches die zeitliche Aufeinanderfolge und somit die Kausalrichtung ist. Man stellt zum Beispiel fest, dass wohlhabende Personen oft Aktien besitzen. Welche Kausalrichtung liegt hier vor? Ist der Wohlstand die Ursache dafür, dass Menschen Aktien kaufen? Oder ist der Aktienkauf Ursache ihres Wohlstandes? Wahrscheinlich werden sich beide Sachverhalte gegenseitig beeinflussen, so dass keine eindeutige Kausalrichtung auszumachen ist.

Fragen der Kausalbeziehung treten auch häufig auf, wenn man untersucht, welche Ursachen den Erfolg eines Unternehmens begründen. So hat man beispielsweise festgestellt, dass Unternehmen, die ein Leitbild entwickelt haben, oft sehr erfolgreich sind. In welche Richtung geht hier die Kausalbeziehung? Ist die Entwicklung eines Leitbildes ein wichtiger ursächlicher Faktor für den Erfolg des Unternehmens? Oder ist der Erfolg des Unternehmens Ursache dafür, dass man es sich leistet, ein Leitbild zu entwerfen? Diese Fragen sind schwer zu entscheiden.

Auch in Konfliktsituationen fragt man oft danach, welches die eigentliche Ursache für den Konflikt ist. In vielen Fällen geht diese Suche nach einer eindeutigen Ursache Hand in Hand mit Schuldzuweisungen. Doch Konflikte haben häufig eine sehr lange Konfliktgeschichte. Daher ist auch hier die Frage nach der ersten Ursache meist wenig ergiebig. Sinnvoller ist es daher, konstruktiv nach vorn zu blicken und nach Lösungen zu suchen, die die Interessen aller Konfliktbeteiligten umfassen, anstatt lang und breit über den eigentlichen Ursprung der Konfliktgeschichte zu diskutieren.

Wenn wir also über Kausalrichtungen nachdenken, sollten wir im Auge behalten, dass es oft keine eindeutige Richtung gibt. Vielmehr sollten wir uns daran erinnern, dass es komplexe Wechselwirkungen zwischen den Ereignissen geben kann. Sonst kann es passieren, dass wir verkehrte Schlüsse ziehen wie Cornelia.

Beispiel

 Cornelia hat den Eindruck, dass Max, ihr Kollege, von ihrem Vorgesetzten ungerechtfertigt bevorzugt wird. Sie beklagt sich darüber bei ihrem Ehemann: „Kein Wunder, dass Max so gute Beurteilungen vom Chef bekommt und alles macht, was der Chef sagt. Er ist ja auch sein Liebling."

Cornelia ist der Meinung (Konklusion), dass Max positive Beurteilungen bekommt und alles tut, was der Chef sagt, weil er – und jetzt kommt die Begründung – der Liebling des Chefs sei. Wahrscheinlich aber verhält es sich genau umgekehrt. Max ist der Liebling des Chefs, weil er das macht, was man ihm sagt und weil er gute Beurteilungen hat. Aber auch in diesem Fall könnte es durchaus sein, dass gegenseitige Beeinflussungen stattfinden.

Um uns vor dem Fehler der Verwechslung der Ursache mit der Wirkung zu hüten, sollten wir uns immer folgende Fragen stellen:

- In welche Richtung geht die Kausalität eigentlich, von A nach B oder von B nach A?
- Können wir eine zeitliche Aufeinanderfolge identifizieren?
- Kann es sein, dass eine wechselseitige Beeinflussung zwischen den Ereignissen besteht?

Fehler der gemeinsamen Ursache

Zwei Ereignisse A und B können auch auf folgende Art und Weise in Korrelation zueinander stehen: Es gibt ein drittes Ereignis C, das gemeinsame Ursache der beiden Ereignisse A und B ist. In diesem Fall besteht zwischen den Ereignissen A und B zwar eine positive Korrelation, sie treten zusammen auf. Zwischen ihnen besteht aber keine direkte Kausalbeziehung. Das Problem: Wenn man die gemeinsame Ursache übersieht und allein aufgrund des regelmäßigen Zusammentreffens der Ereignisse A und B darauf schließt, dass A Ursache von B ist oder umgekehrt, so begeht man den Fehlschluss der gemeinsamen Ursache. Hier ein Beispiel für diesen Fehlschluss.

Beispiel

In einer Untersuchung fand man heraus, dass Verheiratete weniger Süßigkeiten zu sich nehmen als Singles. Dies schien nahezulegen, dass die Ehe einen geringeren Süßigkeitenverzehr bewirkt. Als man die Daten der Untersuchung jedoch genauer analysierte und Verheiratete mit Singles gleichen Alters verglich, so verschwand die Korrelation zwischen dem Verheiratetsein und dem geringeren Süßigkeitenkonsum. Es stellte sich heraus, dass das Alter sowohl beim Verheiratetsein als auch beim Süßigkeitenkonsum der wirksame zugrundeliegende Faktor

war. Je älter eine Person war, umso größer war die Wahrscheinlichkeit, dass sie verheiratet war, und umso geringer war der
Süßigkeitenkonsum.

Der Fehlschluss der gemeinsamen Ursache hat weitreichende
praktische Bedeutung. Er führt dazu, bloße Symptome mit
den eigentlichen Ursachen zu verwechseln. Die Vermeidung
dieses Fehlschlusses ist eine dringliche Aufgabe, wenn wir
nach Lösungen wichtiger Probleme, zum Beispiel von Wirt-
schaftsproblemen, der Arbeitslosigkeit usw. suchen. Auch bei
der Problembewältigung in Organisationen und Unternehmen
gilt es, auf die Vermeidung dieses Fehlers zu achten.

Beispiel

 Im Betrieb Betamind herrscht große Unzufriedenheit und eine
hohe Krankheitsrate. Man vermutet, dass die Unzufriedenheit
die Ursache der vielen Fehltage ist. Daher beschließt man ein
Motivationsprogramm, durch das die Zufriedenheit der Mitarbeiter gestärkt werden soll. Das Programm wirkt kurzfristig,
aber nach einiger Zeit ist die Situation schlimmer als zuvor.

Die eigentliche Ursache sowohl für Unzufriedenheit als auch
für die Fehlzeiten wurde bei Betamind übersehen, nämlich
der äußerst autoritäre Führungsstil im Unternehmen. Der
jedoch blieb unangetastet. Daher „dokterte" man nur an den
Symptomen herum.

Um den Fehlschluss der gemeinsamen Ursache zu vermeiden,
müssen wir fragen: Kann ausgeschlossen werden, dass die
Korrelation zwischen A und B durch einen dritten Faktor
entsteht, der sowohl A als auch B verursacht?

Kausale Zwischenglieder

Es kann der Fehler unterlaufen, dass kausale Zwischenglieder übersehen werden, die im Kausalzusammenhang zwischen A und B eine Rolle spielen. In der Kausalbeziehung zwischen A und B existiert ein dritter Faktor C, der nicht beachtet wird. A verursacht B daher nur indirekt und nicht direkt. Die Kausalkette zwischen A und B kann also viel komplexer sein, als man zuerst annimmt. Es kommt zu einer überstarken Vereinfachung. Ein interessantes Beispiel stammt aus Douglas Waltons Buch „Informal Logic".

Beispiel

 In einer Studie fand man heraus, dass weibliche Bewerber von der Universität Berkeley viel öfter zurückgewiesen wurden als Männer. Diese Statistik schien zu besagen, dass Frauen diskriminiert wurden, was man der Universität vorwarf. Als man die Daten für jedes einzelne Department jedoch genauer untersuchte, kam folgendes zutage: Die Wahrscheinlichkeit, in eines der Departments aufgenommen zu werden, war für beide Geschlechter gleich hoch, für Frauen sogar ein bisschen höher. Was war in der Studie falsch gelaufen? Man hatte übersehen, dass Frauen sich eher für sehr beliebte Departments bewarben. Die hohe Anzahl der Bewerbungen bei diesen Departments führte dort zu einer hohen Ablehnungsrate.

Die ursprüngliche Kausalbeziehung:

eine Frau sein → Ablehnung von Berkeley

musste also revidiert werden. Ein besseres Bild der Situation stellte folgende Kausalkette dar:

Eine Frau sein → Bewerbung bei einem beliebten Depart-ment → Ablehnung von Berkeley.

Die Aufnahmepolitik von Berkeley wurde also zu Unrecht als diskriminierend kritisiert. Es war ein Fehler, die zwischenge-schaltete Variable „Bewerbung bei einem beliebten Depart-ment" zu übersehen.

Um diesen Fehler der groben Vereinfachung einer Kausalbe-ziehung zu vermeiden, sollten Sie an folgende Fragen den-ken:

- Ist die Kausalbeziehung direkt oder ist sie eher indirekter Natur aufgrund zwischengeschalteter Faktoren?

- Und welches sind diese Faktoren?

Kausalschlüsse der betrachteten Form sind oft vernünftige Argumente, aber in den meisten Fällen sind sie lediglich LowPower-Argumente. Wenn man eine Kausalbeziehung zwischen A und B schlüssig begründen wollte, dann müsste man eine Theorie entwickeln, die uns ausführlich den Me-chanismus erklärt, der von A nach B führt. Das aber ist in aller Regel Aufgabe der Wissenschaftler. Dabei ist es selbst in vielen wissenschaftlichen Gebieten schwierig, klare Kausal-mechanismen in Form präziser Gesetzmäßigkeiten aufzustel-len. Gerade wenn es um die Beschreibung und Erklärung menschlichen Verhaltens geht, wie etwa in der Psychologie, der Soziologie, der Volkswirtschaftslehre usw., ist es extrem schwierig, Erklärungsmodelle zu finden, die vernünftige Ab-bildungen der Realität liefern. Das erleben wir immer wieder:

Wie viele Börsenexperten wissen am Dienstag, dass es am Mittwoch zu einem massiven Kurseinbruch kommen wird?

Schluss von der Ursache auf die Wirkung

Neben den Kausalschlüssen gibt es noch eine weitere Variante von Kausalargumenten, die häufig benutzt wird. Darin wird von einer Ursache auf eine bestimmte Wirkung geschlossen. Nennen wir dieses Argument Schluss von der Ursache auf die Wirkung. Es hat folgende Form:

Ereignis A hat in der Regel Ereignis B als Wirkung zur Folge. (Wenn A, dann im Allgemeinen B)

Ereignis A tritt auf.

Daher: Ereignis B wird auch auftreten.

Die oberste Prämisse stellt eine Kausalbeziehung fest. Die Gesamtstärke des Arguments hängt von der Stärke dieser Prämisse ab. Wenn eine enge Kausalbeziehung existiert, dann kann es sich bei diesem Argument um ein vernünftiges Low-Power-, vielleicht sogar HighPower-Argument handeln.

Beispiel

 Norbert diskutiert mit seinen Kollegen, wie in ihrem Unternehmen die Verkaufszahlen gesteigert werden könnten. Norbert sagt: „Es ist doch allgemein bekannt, dass eine Steigerung der Marketingaktivitäten zu höheren Verkaufszahlen führt. Wenn wir eine gezielte Werbekampagne starten, werden wir also unsere Umsätze erhöhen."

Die Konklusion in diesem Schluss von der Ursache auf die Wirkung ist die Aussage „Wir werden unsere Umsätze erhöhen". Die zentrale kausale Prämisse ist Norberts Aussage, dass eine Steigerung der Marketingaktivitäten zu höheren Verkaufszahlen führt. Die zentrale Frage ist: Wie sicher und stark ist diese Kausalbeziehung? Wodurch kann sie möglicherweise aufgehoben werden? Ist es vernünftig oder richtig anzunehmen, dass eine Steigerung der Marketingaktivitäten zu höheren Verkaufszahlen führt? Kann es tatsächlich eine Werbekampagne sein, die ausschlaggebend für eine Steigerung der Verkaufszahlen ist, oder könnte es vielleicht noch andere Faktoren geben, die eine Umsatzsteigerung bewirken?

Argumente, in denen von einer Ursache auf eine Wirkung geschlossen wird, können Sie durch folgende Fragen testen:

- Wie stark ist die Kausalbeziehung zwischen den genannten Ereignissen?
- Besteht überhaupt eine Kausalbeziehung? Gibt es andere Faktoren, die verhindern könnten, dass die Wirkung eintritt?

Argumentieren in der Praxis

Kausalschlüsse können Sie benutzen, um aus der Korrelation zweier Ereignisse A und B darauf zu schließen, dass ein Ereignis das andere verursacht. Das Herstellen einer solchen Kausalbeziehung ist wichtig, wenn man erklären will, warum bestimmte Phänomene oder Verhaltensweisen eintreten. Allerdings sollten Sie auf folgende Fragen achten, durch die Sie Kausalschlüsse überprüfen können:

- Gibt es eine positive Korrelation zwischen den Ereignissen A und B? Gibt es eine ausreichende Zahl beobachteter Fälle der Korrelation zwischen A und B?

- In welche Richtung geht die Kausalität eigentlich, von A nach B oder von B nach A?

- Können wir eine zeitliche Aufeinanderfolge identifizieren?

- Kann es sein, dass eine wechselseitige Beeinflussung zwischen den Ereignissen besteht?

- Kann ausgeschlossen werden, dass die Korrelation zwischen A und B durch einen dritten Faktor entsteht, der sowohl A als auch B verursacht?

- Ist die Kausalbeziehung direkt, oder ist sie eher indirekter Natur aufgrund zwischengeschalteter Faktoren? Und welches sind diese Faktoren?

Den Schluss von der Ursache auf die Wirkung benutzen Sie – wie der Name schon sagt –, um von einer gegebenen Ursache auf eine Wirkung zu schließen. Für diese Argumentform kann insbesondere folgende Testfrage wichtig sein: Wie stark ist die Kausalbeziehung zwischen den genannten Ereignissen A und B überhaupt?

Hypothesenbestätigung und -widerlegung

Wenn wir Probleme in den Griff bekommen wollen oder versuchen, unverständliche Sachverhalte plausibel zu erklären, arbeiten wir mit Vermutungen oder Hypothesen.

Beispiel

 Auf dem Heimweg gehen Roberta noch einige Dinge durch den Kopf. Vor allem die Tag für Tag zunehmenden Schwierigkeiten mit ihren Mitarbeitern bereiten ihr Sorge. Die Lösungen, die sie als Vorgesetzte vorschlägt, werden meistens nur halbherzig und manchmal gar nicht umgesetzt. „Was mache ich nur falsch?", denkt sie. „Die Mitarbeiter kommen doch mit Problemen zu mir, und ich gebe ihnen brauchbare Ratschläge. Und dann setzen sie die nicht um. Aber vielleicht ist genau das der Fehler. Ich löse die Probleme für meine Mitarbeiter. Im Grunde sind es meine Lösungen, aber nicht die Lösungen meiner Leute. Möglicherweise klappt es mit der Problemlösung besser, wenn ich nicht dauernd selbst Lösungen vorschlage, sondern meine Leute nur beratend dabei unterstütze, eigene Lösungen zu finden. Das werde ich bei nächster Gelegenheit gleich ausprobieren."

Einige Wochen später ist Roberta schon wesentlich zufriedener. Ihre Vermutung, dass die Mitarbeiter eigene Problemlösungen besser umsetzen, hat sich als richtig herausgestellt. Den Mitarbeitern dabei zu helfen, eigene arbeitsfähige Lösungen zu finden, hat bewirkt, dass diese Lösungen besser realisiert werden.

Roberta hat eine Hypothese aufgestellt und diese durch ihre Beobachtungen (Erfahrungen) verifiziert. Eine Vielzahl von Plausibilitätsargumenten stützt sich auf Hypothesen, die wir bilden. Man stellt eine Hypothese auf und leitet daraus eine Beobachtung ab, die eintreten sollte, wenn sie korrekt ist. Wenn die Beobachtung dann tatsächlich eintritt, nimmt man sie als Indiz für die Richtigkeit der Hypothese.

Dabei können prinzipiell zwei Argumentformen auftreten, je nachdem, ob eine Hypothese bestätigt oder widerlegt werden soll. Daher nennen wir die zwei möglichen Argumentformen Hypothesenbestätigung und Hypothesenwiderlegung.

Hypothesenbestätigung

Die Hypothesenbestätigung wird nach folgendem Schema gebildet:

Wenn die Hypothese A wahr ist, dann ist die Beobachtung B wahrscheinlich.

Beobachtung B wird gemacht.

Daher: Die Hypothese A ist vermutlich wahr.

Nach diesem Schema funktioniert Robertas Überlegung aus unserem Anfangsbeispiel. Wir können diese Überlegung mit Hilfe des Schemas rekonstruieren:

Wenn die Hypothese wahr ist, dass Problemlösungen von Mitarbeitern besser umgesetzt werden, wenn es deren eigene Lösungen sind, dann sollte bei den nächsten Problemlösungen, bei denen die Mitarbeiter stärker miteinbezogen werden, die Umsetzung besser klappen.

Die Mitarbeiter werden in die Problemlösung stärker einbezogen und die Umsetzung verbessert sich.

Daher: Die Hypothese, dass Problemlösungen von Mitarbeitern besser umgesetzt werden, wenn es deren eigene Lösungen sind, ist vermutlich wahr.

Ein Argument nach diesem Schema der Hypothesenbestätigung sieht aus wie der Fehlschluss der Konsequenzbestätigung (siehe S. 65). Tatsächlich hätten wir in diesem Schema einen Fehlschluss, wenn durch die Hypothesenbestätigung gezeigt werden sollte, dass die Konklusion logisch zwingend aus den Prämissen folgt. Aber diesen Anspruch hat die Hypothesenbestätigung gar nicht. Die Konklusion soll durch die Bestätigung nur plausibel oder wahrscheinlich gemacht werden. Betrachten wir noch ein Beispiel für diese Argumentform.

Beispiel

 Egon und Klaus, zwei Führungskräfte, sprechen über den letzten Workshop. Es ging darum, zusammen mit den Mitarbeitern abteilungsbezogene Ziele für das nächste Jahr aufzustellen. Egon erklärt seinem Kollegen: „Ich glaube, dass unsere Mitarbeiter einfach vor der Übernahme von Verantwortung zurückschrecken. Wir haben ja auf dem letzten Workshop gesehen, dass sie keine selbständigen Ziele formulieren wollten und dass sie Entscheidungen vermieden haben. Wer Verantwortung scheut, der wird Entscheidungen meiden und keine eigenen Ziele formulieren. Das ist doch klar."

Egon stellt hier die Hypothese auf, dass die Mitarbeiter vor Verantwortung zurückschrecken. Wie begründet er das? Zuerst rekapituliert er einige Beobachtungen des letzten Workshops. Anschließend leitet er eine Beobachtung aus seiner Hypothese ab. („Wer Verantwortung scheut, der wird Entscheidungen meiden und keine eigenen Ziele formulieren.") Die abgeleitete und die tatsächlich gemachte Beobachtung stimmen überein. Das nimmt Egon als Indiz für die Korrektheit seiner Hypothese.

Hypothesenwiderlegung

Die zweite Argumentform, in die Hypothesen verwickelt sind, ist die Hypothesenwiderlegung. Sie funktioniert nach folgendem Schema:

Wenn die Hypothese A wahr ist, dann muss B auch wahr sein.

B ist nicht wahr.

Daher: Die Hypothese A ist nicht wahr.

Hier ein paar Beispiele zur Hypothesenwiderlegung.

Beispiel

 Kommissar Mohr versucht die völlig aufgelöste Frau Weiß zu beruhigen: „Ich glaube, Frau Weiß, es gab keinen Einbrecher in Ihrem Haus. Sie müssen sich da getäuscht haben. Wir hätten sonst irgendwelche Spuren finden müssen. Es gibt keine Fußabdrücke, keine zerbrochenen Fensterscheiben, die Alarmanlage ist auch nicht angegangen und auch sonst – das sagen Sie selbst – ist im Haus nichts verändert. Wahrscheinlich haben Sie nur geträumt."

Wie lässt sich das Argument des Kommissars rekonstruieren? Die ursprüngliche Hypothese lautet „Ein Einbrecher war im Haus". Setzen wir das Argument in unser Schema ein:

Wenn die Hypothese, dass ein Einbrecher im Haus war, richtig wäre, dann müssten sich irgendwelche Spuren finden lassen.

Wir haben aber keine Spuren gefunden.

Daher: Die Hypothese, dass ein Einbrecher im Haus war, ist falsch.

Die Hypothesenwiderlegung hat die logisch gültige Form eines Arguments der Konsequenzverneinung (siehe S. 57). Sie ist also ein FullPower-Argument; sie zeigt schlüssig, dass die Konklusion wahr ist. Natürlich hängt die Stärke des Arguments an der obersten Prämisse, die eine Wenn-dann-Beziehung ausdrückt: In unserem Fall mit Kommissar Mohr ist denkbar, dass es einen Einbrecher gab, der keinerlei Spuren hinterließ, weil er äußerst geschickt vorgegangen ist. Die im Wenn-dann-Satz ausgedrückte Prämisse könnte also falsch sein.

Wenn Sie mittels Hypothesenbestätigung oder Hypothesenwiderlegung argumentieren oder wenn Sie auf solche Argumente stoßen, können Sie folgende kritische Fragen stellen:

- Ist es wirklich der Fall, dass wenn die Hypothese A wahr ist, Ereignis B beobachtet werden sollte?
- Wurde Ereignis B tatsächlich beobachtet?
- Könnte Ereignis B auch auf andere Weise erklärt werden als durch Hypothese A?

Indizienargumente

Argumente der Hypothesenbestätigung sind verwandt mit einer Argumentform, die ein typisches LowPower-Argument darstellt und die in unserer Alltagsargumentation sehr häufig vorkommt. Es handelt sich um das Indizienargument. In einem Indizienargument werden bestimmte beobachtete Sachverhalte als Indizien oder Zeichen für einen anderen Sachverhalt gesehen. Einige Beispiele: Max hat überall rote Punkte auf seinem Körper; also hat er wahrscheinlich Masern. Die Polizei fährt mit Blaulicht; also ist wahrscheinlich irgendwo etwas passiert. Helena ruft mich nicht zurück, wie versprochen; also hat sie wahrscheinlich kein Interesse an mir.

Alle diese Schlussfolgerungen und Argumente können plausibel sein. Sie sind jedoch auch leicht umzustürzen. Max könnte auch aus anderen Gründen rote Punkte haben, vielleicht hat er eine Erdbeerallergie und gerade Erdbeeren gegessen. Helena kam vielleicht etwas Wichtiges dazwischen, so dass sie keine Zeit hatte, mich zurückzurufen. Daher handelt es sich bei Indizienargumenten nur um schwache Argumente, also um LowPower-Argumente.

Indizienargumente haben folgende Gestalt:

Sachverhalt A wird beobachtet.

Sachverhalt A ist normalerweise ein Zeichen für Sachverhalt B.

Daher: B ist wahr.

Was macht einen Sachverhalt zu einem Zeichen (Indiz) eines anderen Sachverhalts? Das ist gar nicht so einfach zu beantworten. Offenbar scheint es irgendeinen kausalen und erklärungsmäßigen Zusammenhang zu geben. Typische Beispiele: Wenn es brennt, steigt Rauch auf. Aufgrund dieses Kausalzusammenhangs kann Rauch als ein Zeichen für Feuer interpretiert werden. Wenn die Wirtschaft sich belebt, steigen die Exporte. Der Anstieg der Exporte kann als Indiz dafür genommen werden, dass eine Wirtschaftsbelebung stattfindet. Meier hat geäußert, dass man in den Verhandlungen auf dem richtigen Weg sei. Das lässt vermuten, dass bald ein Ende der Verhandlungen erreicht sein wird. Hier wird Meiers Äußerung als ein Zeichen bzw. Indiz benutzt. Ein Meister der Indizienargumente ist Sherlock Holmes. Eine klassische Passage findet sich in „Eine Studie in Scharlachrot".

Beispiel

Bei dem ersten Aufeinandertreffen zwischen Dr. Watson und Sherlock Holmes – Watson sucht gerade nach einer Wohnung in London – kommt Holmes zu dem Schluss, dass Watson gerade aus Afghanistan zurückgekehrt sei. Er argumentiert auf folgende Weise: „Hier haben wir einen Gentleman, einen Arzt. Aber er hat etwas Militärisches, also muss er Armeearzt sein. Er ist gerade aus den Tropen zurück, denn seine Gesichtsfarbe ist dunkel, und das ist nicht seine normale Hautfarbe, denn seine Handgelenke sind hell. Er muss krank gewesen sein und eine harte Zeit mitgemacht haben, wie sein ausgemergeltes Gesicht zeigt. Sein linker Arm muss eine Verletzung erlitten haben, denn er hält ihn auf eine steife und unnatürliche Art und Weise. Wo in den Tropen könnte ein englischer Armeearzt seinen Arm verletzt haben und eine harte Zeit durchgemacht haben? Natürlich in Afghanistan."

Holmes entwickelt eine Kette von Schlussfolgerungen, aufgebaut aus einzelnen Indizien und Hinweisen. Beispielsweise dem, dass Watson den Arm steif und auf unnatürliche Art hält. Daraus folgert Holmes, dass der Doktor eine Verletzung am Arm davongetragen haben muss. Immer mehr Hinweise und Indizien werden zusammengenommen, so dass ein ganzes Indiziengebäude errichtet wird. Wenn so viele Hinweise gesammelt wurden, erscheint die Konklusion fast unvermeidlich. Die Summe der Hinweise ergibt dann ein recht passables Argument für die Konklusion, dass Dr. Watson vor Kurzem noch in Afghanistan gewesen sein muss.

Wenn Sie Indizienargumente benutzen oder damit konfrontiert werden, können Sie sie durch folgende Fragen testen:

- Wie stark ist die Korrelation zwischen Indiz und dem bezeichneten Ereignis?

- Könnten andere Ereignisse das Auftreten des Indizes mindestens genauso gut oder sogar zuverlässiger erklären?

Wenn Sie ein Indizienargument benutzen, dann achten Sie darauf, die Konklusion vorsichtig zu formulieren. So erhöhen Sie die Glaubwürdigkeit Ihrer Argumentation. Denn ein Indizienargument ist nur ein schwaches Argument. Es macht die Konklusion lediglich plausibel. Ein gutes Beispiel hierfür liefert uns Henry im nächsten Fall.

Beispiel

 Henry bei einer Podiumsdiskussion zum Thema „Standort Deutschland": „Ich glaube, einiges spricht dafür, dass sich unsere Wirtschaft langsam belebt. Die Exporte sind in den letzten zwei Monaten deutlich gestiegen, der Handel verzeichnet wieder mehr Umsätze und ausländische Unternehmen haben wieder mehr in Deutschland investiert."

Henry nimmt eine Reihe von Indizien als Hinweise für eine Belebung der Wirtschaft. Dabei benutzt er eine vorsichtige Wendung zur Formulierung seiner Konklusion „... einiges spricht dafür, dass sich unsere Wirtschaft langsam belebt". Durch diese eher vorsichtige Formulierung erhöht er die Glaubwürdigkeit seines Arguments und macht es gleichzeitig auch weniger leicht angreifbar.

Argumentieren in der Praxis

Argumente der Hypothesenbestätigung oder der Hypothesenwiderlegung setzen Sie ein, um Hypothesen entweder zu verifizieren oder sie zu widerlegen. Beide Argumentformen lassen sich durch folgende Fragen testen:

- Ist es wirklich der Fall, dass wenn die Hypothese A wahr ist, Ereignis B beobachtet werden sollte?
- Wurde Ereignis B tatsächlich beobachtet?
- Könnte Ereignis B auch auf andere Weise erklärt werden als durch Hypothese A?

Wenn Sie in einem Indizienargument Indizien zu einer Indizienkette aufbauen, können Sie Ihre Argumentation stärken.

Die Summe der Indizien ergibt ein sehr starkes Argument. Achten Sie auf eine vorsichtige Formulierung Ihres Indizienarguments. Das erhöht die Glaubwürdigkeit Ihrer Argumentation. Die wichtigsten Testfragen für Indizienargumente sind:

- Wie stark ist die Korrelation zwischen Indiz und dem bezeichneten Ereignis?
- Könnten andere Ereignisse das Auftreten des Indizes mindestens genauso gut oder sogar zuverlässiger erklären?

Argument der praktischen Konsequenz

Wer für oder auch gegen die Ausführung einer Handlung argumentieren will, kann auf die positiven oder negativen Folgen dieser Handlung hinweisen.

Beispiel

 Obwohl mit dem neuen Produkt viele Kunden gewonnen werden konnten, hat das Softwareunternehmen NOW auch ein paar Sorgen. In den letzten zwei Monaten stiegen die Beschwerden drastisch an. Einige Kunden, vor allem Firmenkunden, hat man definitiv verloren, weil man ihnen offensichtlich nicht mehr den gewohnten Service bot. Linda, die Vertriebsleiterin, unterhält sich über diese Situation mit dem Geschäftsführer. Sie macht ihm folgenden Vorschlag: „Die Situation wird immer schlimmer. Wir müssen unbedingt etwas dagegen unternehmen. Ich finde, wir sollten ein professionelles Beschwerdemanagement einführen. Denn dadurch haben wir die Chance, aus unzufriedenen Kunden wieder zufriedene zu machen, und wir könnten unsere Kunden noch enger an uns binden. Was meinen Sie dazu?"

Den Argumenttyp, den Linda benutzt, um den Geschäftsführer von ihrer Konklusion zu überzeugen, dass ein professionelles Beschwerdemanagement eingeführt werden sollte, nennt man Argument der praktischen Konsequenzen. Man benutzt diese Argumentform, um für oder auch gegen die Ausführung einer Handlung zu argumentieren, indem man auf die positiven oder negativen Folgen dieser Handlung hinweist. Ein Argument der praktischen Konsequenzen ist ein LowPower-Argument. Es hat folgende Form:

Wenn A getan wird, entstehen folgende positive/negative Folgen.

Daher: A sollte ausgeführt werden/nicht ausgeführt werden.

Lindas Argument können wir mit diesem Schema auf folgende Weise rekonstruieren:

Wenn wir ein professionelles Beschwerdemanagement einführen, dann haben wir die Chance, aus unzufriedenen Kunden wieder zufriedene zu machen, und wir könnten unsere Kunden noch enger an uns binden.

Daher: Wir sollten ein professionelles Beschwerdemanagement einführen.

In ihrer positiven Ausprägung wird diese Argumentform oft in einer sogenannten Nutzen- oder Vorteilsargumentation eingesetzt. Dabei wird für eine Handlung argumentiert, indem auf die für den Adressaten positiven Folgen oder Vorteile hingewiesen wird. Die Nutzen- oder Vorteilsargumentation ist die meistverbreitete Form der Verkaufsargumentation. Ein Argument der praktischen Konsequenzen kann hohe Überzeugungskraft für den Adressaten besitzen. Der folgende Fall bietet ein Beispiel für die negative Variante dieser Argumentform.

Beispiel

> In einem Unternehmen ist eine größere Umstrukturierung geplant. Dabei sollen verschiedene Abteilungen zusammengelegt werden. Walter, der Betriebsrat, ist gegen diese Umstrukturierung. Er äußert seine Bedenken bei einer Besprechung: „Die Umstrukturierung wird nur dazu führen, dass die Mitarbeiter völlig demotiviert sind. Schließlich werden sie innerlich kündigen und die Arbeit verweigern. Ich bin daher gegen diese Maßnahmen."

Walter benutzt ein Argument der praktischen Konsequenzen, um gegen die Umstrukturierung zu argumentieren. Seine Prämisse besteht in der Beschreibung der negativen Folgen, die aus der Umstrukturierung – seiner Meinung nach – entstehen werden.

Argumente der praktischen Konsequenzen sind sehr beliebte Argumente, sowohl in ihrer negativen als auch positiven Form. Ihre Stärke hängt von zwei Faktoren ab: Zum einen von der Wahrscheinlichkeit, dass die genannten Konsequenzen tatsächlich eintreten, wenn eine bestimmte Handlung vollzogen wird. Zum anderen natürlich auch davon, ob keine gegenteiligen Folgen in Betracht gezogen werden müssen, die die genannten Konsequenzen in ihrem Gewicht aufwiegen könnten. Denn meistens hat jede Seite Vor- und Nachteile.

Um wirkungsvoll zu sein, sollten sich die positiven und negativen Folgen in einem Argument der praktischen Konsequenzen auf die Sicht des Adressaten beziehen. Was heißt das? Im positiven Fall bedeutet es: Die genannten Konsequenzen dienen den Zielen des Adressaten. Im negativen Fall bedeutet es: Die beschriebenen Folgen stehen der Umsetzung dieser Ziele entgegen und liegen daher nicht im Interesse des Adressaten.

Die negative Variante dieser Argumentation wird oft als Taktik benutzt, um den Gesprächspartner einzuschüchtern. Wir können diese Taktik Schwarzfärberei nennen. Dabei werden die negativen Konsequenzen in so drastisch düsteren Farben ausgemalt, dass man sich der Position des Redners nur zu gern anschließt, nur um dieses düstere Bild zu vertreiben.

Beispiel

 Margot ist gegen eine Änderung des Bildungssystems. Bei einer Diskussion mit Bildungsexperten erläutert sie ihren Standpunkt: „Was werden die Folgen der Bildungsreform sein? Das Studieren wird nur noch den Kindern der Reichen möglich sein, einige Universitäten werden keine ausreichenden Mittel mehr zur Verfügung haben, es kommt zu einer rapiden Verschlechterung des allgemeinen Wissenstandes. Ich frage Sie: Wollen wir das allen Ernstes?"

Margot benutzt hier ein Argument der praktischen Konsequenzen in seiner negativen Variante. Ihre Konklusion formuliert sie dabei in Form einer rhetorischen Frage.

Wie wehrt man sich gegen Schwarzfärberei? Es gibt zwei gute Möglichkeiten:

- Sie nennen die Taktik beim Namen, machen also darauf aufmerksam, welche Taktik der Gesprächspartner gerade angewendet hat.
- Sie kontern die Taktik, indem Sie auf positive Konsequenzen hinweisen.

Rudi nutzt im folgenden Beispiel beide Möglichkeiten, um auf Margots Argument zu reagieren.

Beispiel

 Rudi antwortet auf Margots Äußerung: „Ich glaube, es ist nicht sehr konstruktiv, wenn Sie reine Schwarzfärberei betreiben. Sie lassen völlig die andere Seite außer Acht, und die fällt weit schwerer ins Gewicht. Durch die lang überfällige Bildungsreform werden wir erreichen, dass junge Menschen nicht am Arbeitsmarkt vorbei qualifiziert werden, dass die Lehrinhalte an den Universitäten endlich gestrafft werden und Lernen wieder effektiver wird. Sind das nicht Dinge, die wir alle wollen?"

Rudi imitiert den Argumentationsaufbau Margots und formuliert seine Konklusion ebenfalls in Gestalt einer rhetorischen Frage.

Argumentieren in der Praxis

Ein Argument der praktischen Konsequenzen setzen Sie ein, wenn Sie für bzw. gegen die Ausführung einer Handlung argumentieren möchten. Dabei machen Sie in der Prämisse auf die positiven bzw. negativen Folgen dieser Handlung aufmerksam. In der positiven Variante kann diese Argumentform ein überzeugendes Instrument sein, um den Gesprächspartner vom Nutzen bzw. den Vorteilen Ihrer Idee, Ihres Vorschlages, Ihres Produktes zu überzeugen.

Argumente der praktischen Konsequenzen testen Sie durch folgende Fragen:

- Wie hoch ist die Wahrscheinlichkeit, dass die genannten Konsequenzen tatsächlich eintreten?
- Gibt es wichtige gegenteilige Konsequenzen, die berücksichtigt werden sollten?

Das Lawinenargument

Lawinen können schon durch eine kleine Unachtsamkeit ausgelöst werden. Sie beginnen oft ganz sanft und unspektakulär, reißen aber schließlich alles mit in die Tiefe. Diese Kraft von Lawinen kann man sich beim Argumentieren zunutze machen.

Beispiel

 Die Stimmung in der Talkshow ist aufgeheizt. Der Moderator hat Mühe, die Gemüter der Diskussionsteilnehmer zu beruhigen. Richard meldet sich lautstark zu Wort: „Was werden die Folgen sein, wenn wir den Gebrauch von Haschisch tatsächlich freigeben? Halten Sie sich das mal genau vor Augen! Es wird zu einer allgemeinen Imageaufwertung von Drogen kommen. Als nächsten Schritt wird man fordern, auch die sogenannten harten Drogen zu legalisieren. Wohin wird uns das führen? In eine drogenabhängige Gesellschaft. Die Freigabe von Haschisch muss daher mit allen Mitteln bekämpft werden!"

Richard argumentiert hier für die Position, dass der Gebrauch von Haschisch nicht legalisiert werden sollte. Er benutzt ein ganz spezielles Argument, um diesen Standpunkt zu begründen, ein sogenanntes Lawinenargument. Dabei beginnt man mit einem Vorschlag, der auf den ersten Blick vielleicht sogar ganz vernünftig aussieht. Im nächsten Schritt wird aus diesem Vorschlag jedoch eine ganze Kette verhängnisvoller Konsequenzen abgeleitet, die in einen vollkommen unakzeptablen Zustand münden. Daraus kann man schließlich nur noch folgern, dass der ursprüngliche Vorschlag abgelehnt werden muss. Ein solches Lawinenargument hat folgende Form:

A ist ein Vorschlag, der zur Diskussion steht und anfänglich plausibel aussieht.

Wenn A tatsächlich verwirklicht wird, würde er vermutlich B verursachen, B schließlich C ... schließlich wäre G die Folge. G ist eine unakzeptable Folge.

Daher: A sollte nicht verwirklicht werden.

Richards Argument ist nach diesem Schema aufgebaut. Wir können es auf folgende Weise rekonstruieren:

Es steht der Vorschlag zur Diskussion, dass Haschisch legalisiert werden sollte.

Wenn dies tatsächlich geschieht, kommt es zu einer allgemeinen Imageaufwertung von Drogen. Diese Imageaufwertung wird zur Forderung führen, dass auch harte Drogen freigegeben werden sollten. Schließlich führt uns das in eine drogenabhängige Gesellschaft.

Das ist eine unakzeptable Konsequenz.

Daher: Haschisch darf nicht legalisiert werden.

Ein Lawinenargument ist ein LowPower-Argument, das heißt, es ist in der Regel nicht besonders stark. Es genügt aber, um die Beweislast in einer Argumentationssituation zu verschieben.

Beispiel

 Bei der Cantor Electric wird überlegt, zukünftig nur noch im Ausland zu produzieren, um dadurch Kosten zu senken. Katharina, Mitglied der Geschäftsleitung, ist gegen diesen Vorschlag: „Wenn wir unsere Produktion ins Ausland verlagern, werden wir viele Mitarbeiter und Know-how-Träger an unserem bisherigen Standort verlieren. Es wird also zu einem großen Wissensabfluss führen. Schließlich werden wir dadurch unsere Innovationskraft einbüßen und gegenüber unseren Konkurrenten ins Hintertreffen geraten. Ich rate deshalb von einer Verlagerung ins Ausland ab."

Katharina opponiert also gegen die Standortverlagerung, indem sie auf eine Kette möglicher Konsequenzen hinweist, die schließlich negative Auswirkungen für Cantor Electric haben könnten.

Unsere beiden Beispiele zeigen, dass Lawinenargumente in der Regel dazu eingesetzt werden, um vor bestimmten Handlungen zu warnen. Tatsächlich werden Lawinenargumente oft verwendet, um den Gesprächspartner einzuschüchtern. In dieser Hinsicht ähneln sie sehr stark Argumenten der praktischen Konsequenzen in deren negativer Variante.

Wenn Lawinenargumente vorgebracht werden, sollte man darauf achten, ob A (siehe das Schema) tatsächlich der Vorschlag ist, der vom Opponenten aufgestellt wurde. Manchmal werden nämlich die ursprünglichen Behauptungen verzerrt. Die zweite Sollbruchstelle eines Lawinenarguments liegt in der Kausalkette, die konstruiert wird. Ein Lawinenargument ist nur so stark wie die behaupteten kausalen Verknüpfungen. Zuletzt kann man sich fragen, ob oder mit welcher Wahrscheinlichkeit das Endergebnis der Folgen tatsächlich zu erwarten ist und ob es tatsächlich so negativ sein wird wie dargestellt.

Der Schlüssel für die Bewertung eines Lawinenarguments liegt allerdings in der behaupteten Kausalkette. Häufig sind die einzelnen Glieder dieser Kette nur sehr schwach verzahnt. Will man ein Lawinenargument angreifen, empfiehlt sich, am schwächsten Punkt in der Kette anzusetzen. Richards Lawinenargument gegen die Freigabe von Haschisch könnte genau an dieser Stelle angegriffen werden. Führt zum Beispiel die Tatsache, dass man die Legalisierung harter Drogen fordert, zur drogenabhängigen Gesellschaft? Diese Kausalfolge erscheint für sich genommen sehr schwach und daher unhaltbar.

Wenn die Verbindung der einzelnen Glieder in der Kette der Kausalfolgen jedoch relativ stark ist, dann kann das Lawinenargument durchaus ein brauchbares, plausibles Argument sein, das dabei helfen kann, vor einer bestimmten Handlung oder Aktion auf vernünftige Art und Weise zu warnen.

Die Stärke eines Lawinenarguments testen Sie dabei durch folgende Fragen:

- Wurde der ursprüngliche Vorschlag richtig wiedergegeben?
- Wie stark sind die Kausalglieder in der Kette der Folgen, die aufgeführt werden?
- Welche Kausalglieder sind am schwächsten verknüpft?
- Folgt das Endergebnis tatsächlich?
- Ist das Endergebnis wirklich so negativ wie behauptet?

Lawinenargumente treten auch in Kurzfassungen auf. In diesem Fall werden die Glieder der Kausalkette weggelassen und nur der Anfangs- und Endzustand werden genannt. Sehen wir uns dazu folgendes Beispiel an.

Beispiel

Kerstin diskutiert mit ihren Freunden die Frage, wie die Integration ausländischer Mitbürger in die Gesellschaft besser funktionieren könnte. Sie argumentiert: „Was sind die Folgen, wenn die Integration nicht aktiv gefördert wird? Unsere Gesellschaft wird zwangsläufig auseinanderbrechen."

Kerstin benutzt ein Lawinenargument, lässt aber die kausalen Zwischenglieder einfach weg. Es ist klar, dass diese Kurzform

eines Lawinenarguments noch schwächer ist als die Lang-
form. Der kritische Punkt sind hier die fehlenden Glieder.

Präzedenzfälle

Neben der gerade besprochenen kausalen Version eines Lawinenarguments gibt es eine zweite wichtige Variante, die
Präzedenzfall-Lawine. Dabei wird argumentiert, dass, wenn
man erst einmal einen Präzedenzfall schafft, man gezwungen
ist, auch andere ähnliche Fälle gleich zu behandeln, was
schlimme Folgen haben kann.

Beispiel

 Der Chef einer Fluggesellschaft argumentiert vor dem Personal-
rat: „Wenn wir unseren Piloten erlauben, zweimal im Jahr
Urlaub auf Hawaii zu machen, werden wir dies schließlich auch
den Mitarbeitern der anderen Abteilungen gewähren müssen.
Das aber können wir dann nicht mehr finanzieren."

Der Boss der Fluggesellschaft argumentiert also gegen die
besondere Vergünstigung für die Piloten der Gesellschaft,
weil dadurch ein Präzedenzfall geschaffen würde, der – aus
Fairnessgründen – auch für die anderen Mitarbeiter gelten
müsste, was jedoch nicht zu finanzieren sei. Das Präzedenz-
lawinenargument hat folgendes Schema:

Fall A setzt einen Präzedenzfall.

A ist ähnlich zu B, das heißt, wenn A als Präzedenzfall erlaubt ist, dann muss auch B erlaubt werden, ... schließlich muss G erlaubt werden, will man nicht widersprüchlich werden.

G zu erlauben, ist nicht akzeptabel.

Daher: A zu erlauben, ist nicht akzeptabel.

Die kritischen Fragen für diese Variante eines Lawinenarguments sind:

- Würde A wirklich einen Präzedenzfall setzen?
- Stimmt die behauptete Folge von Ereignissen?
- Ist das Endergebnis wirklich unvermeidbar, und ist es wirklich so negativ?

Wie stark ein Lawinenargument ist, hängt auch davon ab, wie schwach die Konklusion formuliert ist. Wenn man die Konklusion nämlich stark formuliert („Sie muss zwangsweise eintreten"), dann liefern die Prämissen in einem Lawinenargument wahrscheinlich nicht genügend Stützkraft. Wird die Konklusion abgeschwächt formuliert („Es wäre möglich, ..."), gewinnt das Argument an Überzeugungskraft.

Definitorisches Lawinenargument

Es gibt noch eine dritte Version des Lawinenarguments, das definitorische Lawinenargument:

Beispiel

 Anita: „Würden Sie sagen, dass ein Mann, der nur ein einziges Haar auf seinem Kopf hat, eine Glatze hat?" Achim: „Ja natürlich." Anita: „Wenn er jetzt ein Haar mehr hätte, also zwei Haare, würden Sie dann auch sagen, dass er glatzköpfig ist?" Achim: „Ja klar." Anita: „Und wenn er jetzt noch ein Haar ..." Achim: „Ja." Anita: „Dann frage ich mich: Wo ziehen Sie die Trennlinie zu einem Menschen mit und ohne Glatze?"

Diese Form des Lawinenarguments macht darauf aufmerksam, dass oft keine klare Grenze bei der Anwendung eines Begriffes gezogen werden kann. Dies funktioniert besonders da, wo vage Begriffe benutzt werden, die nicht eindeutig definiert sind.

Argumentieren in der Praxis

Lawinenargumente benutzen Sie, um gegen bestimmte Handlungen oder Vorschläge zu opponieren. Dabei konstruieren Sie eine Kette von Folgen, die in einer unakzeptablen Situation endet. Ein Lawinenargument greifen Sie am besten dadurch an, dass Sie das schwächste Glied in der Kette herausgreifen. Kausale Lawinenargumente überprüfen Sie durch folgende Fragen:

- Wurde der ursprüngliche Vorschlag richtig wiedergegeben?

- Wie stark sind die Kausalglieder in der Kette der Folgen, die aufgeführt werden?

- Welche Kausalglieder sind am schwächsten verknüpft?

- Folgt das Endergebnis tatsächlich?
- Ist das Endergebnis wirklich so negativ wie behauptet?

Präzendenzfall-Lawinenargumente testen Sie durch diese Fragen:

- Setzt der gemachte Vorschlag wirklich einen Präzedenzfall?
- Stimmt die behauptete Folge von Ereignissen?
- Ist das Endergebnis wirklich unvermeidbar, und ist es wirklich so negativ?

Das Beispielsargument

Mit einem typischen Beispiel zu argumentieren, kann durchaus Überzeugungskraft entwickeln, wie in der folgenden Situation.

Beispiel

In einer Diskussion wird die Frage erörtert, ob überall ein striktes Rauchverbot in Gaststätten und öffentlichen Räumen eingeführt werden sollte. Ein Diskussionsteilnehmer sagt: „Ich halte ein striktes Rauchverbot in öffentlichen Räumen für absolut sinnvoll. Das Beispiel Bayern, ein Land, in dem ein striktes Verbot gilt, zeigt, dass es in erster Linie positive Auswirkungen hat. Es wird eine deutliche Verbesserung der Lebensqualität erreicht."

Der Diskussionsteilnehmer versucht in diesem kurzen Abschnitt die Konklusion zu begründen, dass das strikte Rauchverbot positive Auswirkungen hat. Er begründet diesen

Standpunkt mit Bezug auf das Beispiel Bayern, wo es ein striktes Rauchverbot gibt. Der Sprecher benutzt ein Beispielsargument, um seine These zu begründen.

Er begründet seine Konklusion mit Bezug auf die Erfahrung aus Beispielen. Wir wissen bereits aus dem Fehler der unzureichenden Statistik, dass wenige beobachtete Fälle normalerweise eine zu geringe Basis darstellen, um daraus eine allgemeine Wahrheit ableiten zu können. Trotzdem kann das Argument des Autors funktionieren. Der „Knackpunkt" ist, dass die Beispiele, die angeführt werden, typische Beispiele darstellen, das heißt, sie müssen repräsentativ sein. In unserem Fall muss das Bundesland Bayern als guter Repräsentant für andere Länder betrachtet werden.

Beispielsargumente werden nach folgendem Schema gebildet:

Situation (Sache) A weist die Aspekte F und G auf.

A ist ein typischer (repräsentativer) Fall von Situationen (Sachen), die den Aspekt F aufweisen.

Daher: Normalerweise weisen Situationen (Sachen), die den Aspekt F aufweisen, auch den Aspekt G auf.

Wie können wir das Argument des Diskussionsteilnehmers in diesem Schema rekonstruieren?

In Bayern gibt es ein striktes Rauchverbot in Gaststätten und öffentlichen Räumen (Aspekt F), und dieses Rauchverbot hat einen positiven Einfluss auf die Lebensqualität (Aspekt G).

Bayern ist ein repräsentatives Beispiel für andere Länder, die ein Rauchverbot durchsetzen.

Daher: Normalerweise führt ein striktes Rauchverbot zu einer besseren Lebensqualität.

Das Argument ist natürlich ein LowPower-Argument. Es ist ein schwaches Erfahrungsargument. Beispielsargumente treten in unseren Alltagsargumentationen sehr häufig auf. Sie können die Konklusion zwar nicht schlüssig begründen, aber plausibel machen.

Auf Beispielsargumente wird oft mit einem Gegenbeispiel reagiert. Diesem Manöver kann der Gesprächspartner, von dem das ursprüngliche Beispielsargument stammt, meistens mit einschränkenden Bemerkungen begegnen. Das sehen wir in folgendem Fall. Dabei bringt Klaus zuerst ein Beispielsargument, Max greift dieses Argument mit einem Gegenbeispiel an, was Klaus wiederum dazu zwingt, sein ursprüngliches Argument abzuschwächen und einzuschränken.

Beispiel

 Klaus und Max sind Mitarbeiter bei der Konsul GmbH, einem Beratungsunternehmen, das Geschäftsbeziehungen zu japanischen Unternehmen unterhält. Klaus und Max diskutieren darüber, welche Argumente gegenüber japanischen Kunden am stärksten wiegen. Es entsteht folgender Dialog:

> Klaus: „Als wir mit Wakayama Inc. zu tun hatten, war die Frage nach den Marktanteilen ein Punkt, der immer wieder in den Vordergrund trat. Wakayama interessierte sich mehr für Marktanteile als für den Shareholder Value. Wakayama ist ein typisches japanisches Unternehmen. Wir können daher davon ausgehen, dass wir auch bei den anderen japanischen Unternehmen mehr erreichen, wenn wir mit einer Steigerung des Marktanteils argumentieren."
>
> Max: „Das Unternehmen Takeda war sehr wohl am Shareholder Value interessiert."
>
> Klaus: „Ich meine natürlich, dass japanische Unternehmen im Normalfall an der Steigerung des Marktanteils primäres Interesse haben. Takeda bildet da tatsächlich eine Ausnahme."

Klaus schränkt also die Konklusion seines ursprünglichen Beispielsarguments ein. Bei dieser Einschränkung benutzt man Ausdrücke wie „normalerweise" oder „gewöhnlich". Durch dieses Manöver erkennt man an, dass es durchaus untypische Beispiele oder Abweichungen vom Normalfall geben kann.

Die Stärke eines Beispielsarguments hängt von mehreren Faktoren ab:

- Das zitierte Beispiel muss der Realität entsprechen und wahr sein. Wakayama Inc. muss wirklich an einer Steigerung des Marktanteils mehr interessiert sein als am Konzept des Shareholder Value.

- Das Beispiel muss die Verallgemeinerung tatsächlich stützen und ein typisches, repräsentatives Beispiel sein.

- Wenn die Verallgemeinerung nur auf einen sehr engen Bereich zutrifft, dann handelt es sich um kein sehr starkes

Argument. Dann kann es zwar für einige Fälle gelten, aber letztlich ist es einfach schwach.

- Wenn die Konklusion eine strikte Verallgemeinerung darstellt („Alle ..."), dann handelt es sich um ein äußerst schwaches Argument, weil es sehr leicht durch eine Ausnahme zu widerlegen ist. Wenn die Konklusion einschränkend formuliert wurde, kann es sich um ein sehr vernünftiges LowPower-Argument handeln. Leider ist in der Alltagsargumentation nicht immer klar zu erkennen, wie die Konklusion gemeint ist.

- Im Beispiel können spezielle Umstände stecken, die die Verallgemeinerung beeinflussen können.

Das Beispielsargument hat Ähnlichkeiten mit dem Analogieargument. Im Beispielsargument wird nämlich ein Fall als typisches Beispiel für eine Reihe anderer Fälle hingestellt. Ein typisches Beispiel liegt dann vor, wenn es hinreichend viele Ähnlichkeiten mit den anderen Fällen hat.

Achtung: Nicht jedes Beispiel soll eine Konklusion begründen. Oft dienen Beispiele nur zur Illustration. Diese Fälle müssen von denen unterschieden werden, in denen die Beispiele als Prämissen in einer Argumentation genutzt werden. Wir müssen also darauf achten, ob ein Beispiel nur zu dem Zweck eingeführt wird, einen Sachverhalt zu veranschaulichen, oder ob es zum Ausgangspunkt eines Arguments wird.

Argumentieren in der Praxis

Ein Beispielsargument kann große Überzeugungskraft besitzen, weil Beispiele erstens sehr anschaulich sind, und zweitens in den meisten Fällen ein Beispiel genannt wird, mit dem der Hörer vertraut ist. Wenn Sie ein Beispielsargument benutzen, dann achten Sie darauf, Ihre Konklusion nicht zu strikt zu formulieren, denn Ihre Prämissen können sonst keine Unterstützung mehr leisten. Wenn Sie ein Beispielsargument angreifen möchten, kann es sinnvoll sein, mit einem Gegenbeispiel aufzuwarten. Beispielsargumente können Sie durch folgende kritische Fragen testen:

- Stimmt das Beispiel überhaupt? Ist es eine Beschreibung der Realität, oder ist die im Beispielsfall beschriebene Tatsache gar nicht richtig?

- Stützt das Beispiel die Verallgemeinerung? Ist das Beispiel wirklich ein typisches Beispiel?

- Ist die Konklusion (Verallgemeinerung) sehr stark oder schwach formuliert?

- Machen vielleicht spezielle Umstände im Beispiel die Konklusion unhaltbar?

Das Verschwendungsargument

Obwohl ein Verschwendungsargument ein sehr schwaches Argument ist, kann es in einigen Fällen sehr brauchbar sein. Hinter dem Verschwendungsargument steht dabei eine Art Kosten-Nutzen-Analyse. Es gilt abzuwägen, welche Kosten einem möglichen Nutzen gegenüberstehen. Verschwendungen sind der Kostenseite zuzuschlagen.

Beispiel

> Seit drei Jahren arbeitet Ludwig an seiner Doktorarbeit. Im Moment steckt er jedoch in einer tiefen Krise. Seine eigenen Thesen erscheinen ihm unsicher. Er ist im Zweifel, ob er sich auf dem richtigen Weg befindet und spielt daher mit dem Gedanken, seine Promotion ganz abzubrechen. Manuela, seine Frau, versucht ihn davon abzubringen: „Schau, du hast bereits so viel Energie in deine Doktorarbeit investiert. Es wäre doch schade, wenn das alles umsonst gewesen wäre, vor allem, wenn man so kurz vor dem Ziel steht, wie du jetzt."

Das Argument, das Manuela benutzt, um Ludwig davon zu überzeugen, weiter an seiner Doktorarbeit zu schreiben, nennen wir Verschwendungsargument. Sie begründet ihre Konklusion, weiter an der Doktorarbeit zu arbeiten mit der Tatsache, dass sonst die investierte Zeit und Energie verloren wäre.

Ein Verschwendungsargument ist ein LowPower-Argument. Es kann die Plausibilität einer Konklusion begründen, aber mehr nicht. Das Verschwendungsargument hat folgendes Schema:

Wenn Person X jetzt aufhören würde, Ziel A weiter zu verfolgen, wären alle Anstrengungen, A zu erreichen, umsonst gewesen.

Es ist negativ, wenn Anstrengungen, die gemacht werden, um A zu erreichen, verschwendet wären.

Daher: X sollte weiter versuchen, A zu erreichen.

Das Argument wirkt umso überzeugender, je klarer der zukünftige Nutzen vor Augen steht. Die Kosten-Nutzen-Analyse ist dabei auch davon abhängig, wie klar das Ziel formuliert ist, das man erreichen möchte.

Denn erst an einem klar formulierten Ziel kann man den zu erwartenden Erfolg (Grad der Zielerreichung) messen. Ludwig überlegt, die Dissertation abzubrechen. Wenn er den Erfolg nur an dem Ziel misst, einen Titel zu haben, dann kann es sein, dass seine Kosten-Nutzen-Analyse ihn dazu führt, die Dissertation aufzugeben, weil ihm der damit verbundene Stress höher erscheint als der Nutzen. Wenn das Ziel seiner Promotion jedoch der qualifizierte Einstieg in eine anspruchsvolle Karriere ist, dann kann seine Kosten-Nutzen Rechnung wieder ganz anders aussehen, und das Verschwendungsargument gewinnt an Gewicht. Sehen wir uns ein weiteres Beispiel an.

Beispiel

 Regina und ihre Bankkollegen diskutieren, ob einem ihrer Firmenkunden ein weiterer Kredit eingeräumt werden sollte. Regina sagt: „Wir haben für unseren Kunden bereits eine ganze Menge Geld zur Verfügung gestellt. All das ist möglicherweise verloren, wenn wir jetzt nicht noch einmal die Kreditlinie erhöhen. Vor allem angesichts der Tatsache, dass das neue Vertriebskonzept unseres Kunden große Erfolgschancen besitzt."

Regina argumentiert hier mit dem Geld, das vielleicht völlig abgeschrieben werden muss, wenn man dem Kunden nicht noch einmal eine Finanzspritze gibt. Die Stärke ihres Arguments hängt von den Erfolgsaussichten ab, die der erneuten Kreditvergabe gegenüberstehen. Wenn es jedoch keine unabhängigen Gründe für einen möglichen Erfolg gibt, dann kann man bei der Anwendung eines Verschwendungsarguments schnell in einen Fehlschluss geraten. Das passiert im nächsten Fall.

Beispiel

 Gerlinde hat in spekulative Aktien investiert. Die Aktienkurse steigen jedoch nicht, wie erwartet, sondern sie sinken dramatisch. Sie beschließt, die Aktien dennoch nicht zu verkaufen, sondern zu halten. Ihre Begründung: „Ich habe jetzt bereits so viel Geld investiert, das alles verloren wäre, wenn ich jetzt die Aktien abstoßen würde. Ich werde die Aktien daher nicht verkaufen."

In diesem Verschwendungsargument ist ein Fehlschluss verborgen. Gerlindes Argumentation wäre sinnvoll, wenn sie unabhängige Gründe dafür hätte, dass die Aktienkurse bald wieder zu steigen versprechen. Wenn keine solchen Gründe existieren, kann Gerlindes Verschwendungsargument zu einem kompletten Desaster führen.

Diese Argumentation ähnelt dem Spielerfehlschluss: Dabei argumentiert ein Glücksspieler, dass beim nächsten Wurf bestimmt seine Zahl kommen werde, weil sie so lange ausgeblieben sei. Der Spieler übersieht, dass die Wahrscheinlichkeit, dass eine bestimmte Zahl erscheint, bei jedem Wurf die gleiche bleibt.

Argumentieren in der Praxis

Ein Verschwendungsargument setzen Sie ein, um für die Weiterverfolgung eines Ziels zu plädieren. Dabei machen Sie darauf aufmerksam, dass alle Anstrengungen umsonst gewesen wären, würde man das Ziel nicht mehr anstreben.

Ein Verschwendungsargument kann durch folgende kritische Fragen getestet werden:

- Stellen die Versuche von Person X, Ziel A zu verwirklichen, wirklich einen negativen Wert dar?

- Gibt es eine ausreichende Chance, dass X A erreichen wird, wenn er A weiter verfolgt?

- Ist aus diesem Blickwinkel der Wert, A zu erreichen, höher als der Wert (Kosten), der mit der Weiterverfolgung von A verbunden ist?

Das Regelargument

In vielen unserer Begründungen nehmen wir Bezug auf existierende Regeln. Eine Regel ist umso stärker, je mehr sie auf einer gemeinsamen Vereinbarung beruht. Das heißt, der Gesprächspartner, der auf eine Ausnahme hinwirken möchte, hat der Regel selbst zugestimmt. Er kann also nicht sagen, dass er die Regel nicht gekannt habe oder dass sie unfair sei.

Beispiel

 Ina und ihr kleines Werbeteam stehen unter gehörigem Druck. Wahrscheinlich werden sie den Termin für die Wettbewerbspräsentation nicht einhalten können. Ina telefoniert daher mit Petra, die für die Organisation der Präsentation verantwortlich ist. Ina: „Die Abgabe unserer Präsentation wird sich etwas verzögern. Sind Sie einverstanden, wenn Sie sie zwei Tage später erhalten?" Petra: „Das ist leider nicht möglich. Alle haben sich damit einverstanden erklärt, dass der Abgabetermin der 30. Oktober ist. Wir können von dieser Regel keine Ausnahme machen."

Petra schlägt Inas Wunsch mit der Begründung ab, dass es eine Regel gibt, die sonst verletzt würde. Wir nennen dieses Argument Regelargument. Es ist ein LowPower-Argument. Es dient dazu, die Beweislast zu verschieben. Das heißt in unserem Fall, dass Ina nun die Aufgabe hat zu begründen, warum eine Ausnahme in Frage kommen könnte. Petra könnte ihr Argument dabei noch um den Punkt ergänzen, dass es unfair gegenüber den anderen wäre, jetzt eine Ausnahme von der Regel zu machen.

Das Regelargument funktioniert nach folgendem Schema:

Wenn A eine etablierte Regel ist, dann muss man sich an die Regel halten.

A ist eine etablierte Regel für die Person X.

Daher: X muss sich an A halten.

Die Stärke dieses Arguments hängt davon ab, ob wirklich eine solche Regel existiert, ob die Regel auf den vorliegenden Fall anwendbar ist und ob die Regel überhaupt sinnvoll ist. Der letzte Punkt kann in die Frage münden, ob die Regel eine vernünftige Regel darstellt. An dieser Stelle könnte man also die Regel selbst kritisieren.

Ausnahmen

Nun gelten Regeln meistens nicht absolut. Es gibt vielmehr vernünftige Ausnahmen. Daher ist es eine beliebte Taktik, ein Regelargument durch ein Gegenargument auszuhebeln, bei dem man auf eine Ausnahmesituation aufmerksam macht. Dieses Argument orientiert sich am folgenden Schema. Wir können es das Ausnahmeargument nennen:

Wenn eine Situation S eine vernünftige Ausnahme darstellt, dann ist die Regel nicht anwendbar.

S ist eine vernünftige Ausnahme.

Daher: Die Regel ist nicht anwendbar.

Dieses Ausnahmeargument kann benutzt werden, um den Ball zu dem zurückzuspielen, der ein Regelargument vorgebracht hat. Die andere Seite müsste daraufhin zeigen, warum die Ausnahme nicht gilt oder keine gerechtfertigte Ausnahme von der Regel darstellt. Im nächsten Beispiel können wir dieses Manöver beobachten.

Beispiel

 Bruno auf einer Besprechung der Abteilungsleiter bei BIOWORLD: „Anfang des Jahres haben wir gemeinsam die Vereinbarung getroffen, dass alle Abteilungen Auskunft über ihre Entwicklung geben. Es ist daher nicht in Ordnung, dass die Biotechnik-Abteilung jetzt versucht, sich ihrer Verpflichtung zu entziehen." Franziska, die Leiterin der Biotechnik-Abteilung, verteidigt sich: „Wir arbeiten in unserer Abteilung gerade an einem Projekt, das absoluter Geheimhaltung unterworfen ist, um so die Wahrscheinlichkeit zu reduzieren, dass bewusst oder unbewusst Informationen an die Konkurrenz gelangen. Ich glaube dieser Ausnahmefall rechtfertigt, dass wir dieses Mal keine Informationen herausgeben."

In diesem Beispiel bringt Bruno zuerst ein Regelargument. Dabei weist er gleichzeitig darauf hin, dass es sich bei der Regel um eine gemeinsam getroffene Vereinbarung handelt. Franziska verteidigt sich anschließend mit einem Ausnahmeargument. Sie macht deutlich, dass es legitime Sicherheitsgründe gibt, die eine Ausnahme von der Regel erlauben.

Argumentieren in der Praxis

Die Chancen, durch ein Regelargument zu überzeugen, erhöhen sich, wenn Sie den Sinn der Regel erläutern oder darauf aufmerksam machen, dass es anderen gegenüber unfair wäre, die Regel in einem speziellen Fall außer Kraft zu setzen. Ein weiterer Pluspunkt ist, wenn der Adressat der Regel selbst zugestimmt hat. Regelargumente überprüfen Sie durch folgende Fragen:

- Gibt es die vermeintliche Regel überhaupt?

- Ist die Regel im vorliegenden Fall anwendbar?

- Ist die Regel überhaupt vernünftig, oder ist sie selbst kritisierbar?

- Aus welchem Grund wurde die Regel aufgestellt – und sind die Bedingungen dafür noch gegeben?

Ein Regelargument können Sie durch ein Gegenargument, das sogenannte Ausnahmeargument, angreifen. Das Ausnahmeargument wiederum können Sie durch folgende kritische Fragen testen:

- Ist der Fall wirklich eine Ausnahme von der Regel?

- Kann begründet werden, warum der spezielle Fall eine Ausnahme darstellt?

- Könnte es sein, dass ein Präzedenzfall geschaffen wird, der zur Unterhöhlung der Regel führt, weil ähnliche Situationen als Ausnahmefälle geltend gemacht werden?

Alle HighPower- und LowPower-Argumente auf einen Blick

In diesem Kapitel haben wir Ihnen wichtige HighPower- und LowPower-Argumente vorgestellt, die sehr oft in Alltagsargumentationen vorkommen. Zum Schluss geben wir Ihnen noch einmal einen Überblick über diese Argumentformen.

Wir führen zu jeder Argumentform das zentrale Schema und ein anschauliches Beispiel an. Außerdem erläutern wir knapp die Einsatzmöglichkeiten sowie die potenziellen Schwachstellen.

Statistische Verallgemeinerung

X Prozent der untersuchten (beobachteten) Fälle F haben die Eigenschaft G.

Daher: X Prozent der F haben die Eigenschaft G.

Beispiel:

70 Prozent der bei einer Studie befragten Unternehmen in Deutschland sind für die Abschaffung der Gewerbesteuer.

Daher: 70 Prozent der Unternehmen in Deutschland sind für eine Abschaffung der Gewerbesteuer.

Wann setzen Sie sie ein?

- Wenn Sie – ausgehend von einem begrenzten Bereich beobachteter oder untersuchter Fälle – eine Verallgemeinerung aufstellen möchten.
- Potenzielle Schwachstellen: unklare Begriffe, falsche Präzision, unzureichende Daten, voreingenommene Daten.

Statistisches Top-Down-Argument

X Prozent der Fälle (Dinge) F haben die Eigenschaft G.

a ist ein Fall (Ding) F.

Daher: a hat die Eigenschaft G.

Beispiel:

Die meisten Menschen mögen Süßigkeiten.

Unsere Gäste bekommen heute ein Dessert.

Daher: Unsere Gäste werden das Dessert wahrscheinlich mögen.

Wann setzen Sie es ein?

- Wenn Sie von einem allgemeinen Sachverhalt auf einen Spezialfall schließen möchten.
- Potenzielle Schwachstelle: Vernachlässigung wichtiger Informationen.

Autoritätsargument

Wir unterscheiden die folgenden Formen des Autoritätsarguments:

- die Expertenmeinung,
- die wissenschaftliche Studie.

Expertenmeinung

X ist ein Experte auf dem Gebiet Z.
X erklärt, dass Aussage A wahr ist.
Aussage A gehört zum Gebiet Z.

Daher: Aussage A ist vermutlich richtig.

Beispiel:

Professor Huber ist ein anerkannter Wirtschaftsexperte. Professor Huber hat erklärt, dass die Arbeitslosenzahl im nächsten Jahr sinken werde.

Professor Hubers Aussage gehört zum Gebiet der Wirtschaft.

Daher: Dass die Arbeitslosigkeit im nächsten Jahr sinken wird, ist vermutlich richtig.

Wann setzen Sie sie ein?

- Wenn Sie sich auf einen Experten oder eine Autorität beziehen können, um ihren Standpunkt zu stützen, und so eine zweite Argumentationsfront aufbauen wollen.

- Potenzielle Schwachstellen: der „Experte" ist keiner, vager Bezug auf die Autorität, fehlerhafte Interpretation der Expertenmeinung.

Wissenschaftliche Studie

Studie X hat gezeigt, dass Sachverhalt H besteht.

Daher: Sachverhalt H besteht oder ist richtig.

Beispiel:

Studien zeigen, dass ein kurzer Schlaf am Arbeitsplatz die geistige Leistungsfähigkeit verbessert.

Daher: Ein kurzes Nickerchen zwischendurch ist keine unproduktive Ausfallzeit, sondern vorteilhaft für Arbeitnehmer und Arbeitgeber.

Wann setzen Sie sie ein?

- Wenn Sie Ihrer Aussage durch die Belege aus der Forschung einen hohen Wahrheitsgehalt verleihen wollen.

- Potenzielle Schwachstellen: die wissenschaftlichen Ergebnisse beruhen auf einer schlecht geführten Studie, es liegen der Studie nicht genügend oder gar manipulierte Daten zugrunde, die Forschungsergebnisse sind bereits überholt, die Ergebnisse wurden unzulässig verallgemeinert.

Analogieargument

Die Situation (Fall, Sache) S1 ist ähnlich zu Situation (Fall, Sache) S2.

A ist in S1 wahr (falsch).

Daher: A ist in S2 wahr (falsch).

Beispiele:

Die Physiologie von Mäusen ähnelt der Physiologie von Menschen.

Teer, der aus Zigarettenrauch extrahiert wurde und auf die Haut von Mäusen übertragen wurde, erzeugte Hautkrebs.

Daher: Zigarettenrauch verursacht vermutlich auch beim Menschen Krebs.

In Situation S1 war es richtig, H zu tun.

Situation S2 ist ähnlich zu Situation S1.

Daher: Es ist richtig, in S2 H zu tun.

In der letzten Wirtschaftskrise war es richtig, die Zinsen zu senken.

Auch dieses Mal stehen wir vor einer ähnlichen wirtschaftlichen Situation.

Daher: Auch dieses Mal ist es vermutlich richtig, die Zinsen zu senken.

Wann setzen Sie es ein?

- Wenn Sie Ihren Standpunkt auf einen Vergleich gründen können, mit dem der Adressat gut vertraut ist oder der beim Adressaten positive Gefühle weckt.
- Potenzielle Schwachstelle: falscher Vergleich.

Kausalschluss

Es besteht eine positive Korrelation zwischen A und B.

Daher: A ist Ursache von B.

Beispiel:

Der 92-jährige Alfred Bauer starb zwei Tage, nachdem er von einem Auto angefahren wurde.

Daher: Der Unfall war vermutlich die Ursache seines Todes.

Wann setzen Sie ihn ein?

- Wenn Sie aus der Korrelation zwischen Ereignissen auf einen Kausalzusammenhang schließen möchten.
- Potenzielle Schwachstellen: zufällige Korrelation, Verwechslung von Ursache und Wirkung, Fehler der gemeinsamen Ursache, Vernachlässigung zwischengeschalteter Faktoren.

Der Schluss von der Ursache auf die Wirkung

Ereignis A hat in der Regel Ereignis B als Wirkung zur Folge. (Wenn A, dann im Allgemeinen B). Ereignis A tritt auf.

Daher: Ereignis B wird auch auftreten.

Beispiel:

Wenn die Kaffeepreise steigen, dann sinkt der Kaffeekonsum.

Die Kaffeepreise steigen.

Daher: Vermutlich sinkt der Kaffeekonsum.

Wann setzen Sie ihn ein?

- Wenn Sie von einem Ereignis, der Ursache, auf ein anderes Ereignis, die Wirkung, schließen möchten.
- Potenzielle Schwachstelle: Beziehung in der Wenn-dann-Prämisse nicht akzeptabel.

Hypothesenbestätigung

Wenn die Hypothese A wahr ist, dann ist die Beobachtung B wahrscheinlich.

Beobachtung B wird gemacht.

Daher: Die Hypothese A ist vermutlich wahr.

Beispiel:

Wenn die Hypothese richtig ist, dass die Weiterbildung in Unternehmen immer wichtiger wird, dann sollten die Weiterbildungstage pro Mitarbeiter im Jahr steigen.
Die Weiterbildungstage pro Mitarbeiter im Jahr steigen.

Daher: Die Weiterbildung wird in den Unternehmen vermutlich immer wichtiger.

Wann setzen Sie sie ein?

- Wenn Sie eine Vermutung auf ihre Richtigkeit hin überprüfen.
- Potenzielle Schwachstelle: Wenn-dann-Prämisse nicht
  akzeptabel.

Hypothesenwiderlegung

Wenn die Hypothese A wahr ist, dann muss B auch wahr
sein.

B ist nicht wahr.

Daher: Die Hypothese A ist nicht wahr.

Beispiel:

Wenn Max Interesse an Gabi hätte, wäre er zu Gabis Geburtstagsparty gekommen.

Max ist nicht zu Gabis Geburtstagsparty gekommen.

Daher: Max hat vermutlich kein Interesse an Gabi.

Wann setzen Sie sie ein?

- Wenn Sie eine Vermutung widerlegen möchten.
- Potenzielle Schwachstelle: Wenn-dann-Prämisse nicht
  akzeptabel.

Indizienargument

Sachverhalt A wird beobachtet.

Sachverhalt A ist normalerweise ein Zeichen für Sachverhalt B.

Daher: B ist wahr.

Beispiel:

Die Polizei fährt mit Blaulicht.

Wenn die Polizei mit Blaulicht fährt, dann ist das ein Zeichen, dass irgendwo etwas passiert ist.

Daher: Vermutlich ist irgendwo etwas passiert.

Wann setzen Sie es ein?

- Wenn Sie aus Hinweisen und Zeichen eine Schlussfolgerung ableiten können.
- Potenzielle Schwachstelle: schwache Korrelation zwischen Indiz und dem bezeichneten Ereignis.

Argument der praktischen Konsequenzen

Wenn A getan wird, entstehen folgende positive/negative Folgen.

Daher: A sollte ausgeführt werden/nicht ausgeführt werden.

Beispiel:

Wenn wir ein Leitbild entwickeln, können wir ein besseres Erscheinungsbild für unser Unternehmen aufbauen.

Daher: Wir sollten ein Leitbild entwickeln.

Wann setzen Sie es ein?

- Wenn Sie für oder gegen die Ausführung einer Handlung argumentieren möchten. Dabei machen Sie in der Prämisse auf die positiven oder negativen Folgen dieser Handlung aufmerksam.

- Potenzielle Schwachstelle: Wenn-dann-Prämisse nicht akzeptabel.

Lawinenargumente

Wir unterscheiden die folgenden Formen des Lawinenarguments:

- das kausale Lawinenargument,
- das Präzedenzfall-Lawinenargument.

Das kausale Lawinenargument

A ist ein Vorschlag, der zur Diskussion steht und anfänglich plausibel aussieht.

Wenn A tatsächlich verwirklicht wird, würde er vermutlich B verursachen, B schließlich C ... und schließlich wäre G die Folge.

G ist eine unakzeptable Folge.

Daher: A sollte nicht verwirklicht werden.

Beispiel:

Es wird der Vorschlag gemacht, dass die Steuern erhöht werden sollten.

Wenn die Steuern erhöht werden, dann werden die Unternehmen nicht mehr im Inland investieren; daraus ergibt sich, dass die Arbeitslosenzahl steigt; dies führt dazu, dass es zu sozialen Unruhen kommt.

Soziale Unruhen sind eine unakzeptable Folge.

Daher: Der Vorschlag, die Steuern zu erhöhen, sollte nicht verwirklicht werden.

Wann setzen Sie es ein?

- Wenn Sie gegen bestimmte Handlungen oder Vorschläge opponieren möchten.
- Potenzielle Schwachstelle: schwache Folgebeziehungen in den Prämissen.

Das Präzedenzfall-Lawinenargument

Der Fall A setzt einen Präzedenzfall.

A ist ähnlich zu B, das heißt, wenn A als Präzedenzfall erlaubt ist, dann muss auch B erlaubt werden, ... und schließlich muss G erlaubt werden, will man nicht widersprüchlich werden.

G zu erlauben, ist nicht akzeptabel.

Daher: A zu erlauben, ist nicht akzeptabel.

Beispiel:

Die Bonuszahlung für die Mitarbeiter der Forschungsabteilung setzt einen Präzedenzfall.
Wenn wir das erlauben, müssen wir auch der Marketingabteilung Bonuszahlungen gewähren und schließlich sogar allen Abteilungen.

Bonuszahlungen für alle Abteilungen könnten wir uns nicht leisten.

Daher: Wir sollten von einer Bonuszahlung für die Forschungsabteilung Abstand nehmen.

Wann setzen Sie es ein?

- Wenn Sie gegen einen Vorschlag opponieren möchten.
- Potenzielle Schwachstelle: kein echter Präzedenzfall, schwache Folgebeziehungen in den Prämissen.

Beispielsargument

Situation (Sache) A weist die Aspekte F und G auf.
A ist ein typischer (repräsentativer) Fall von Situationen (Sachen), die den Aspekt F aufweisen.

Daher: Normalerweise weisen Situationen (Sachen), die den Aspekt F aufweisen, auch den Aspekt G auf.

Beispiel:

Herr Sato ist ein japanischer Geschäftsmann. Er überreicht bei jeder Begrüßung feierlich seine Visitenkarte.

Herr Sato ist ein typischer japanischer Geschäftsmann.

Daher: Normalerweise überreichen alle japanischen Geschäftsleute bei der Begrüßung feierlich ihre Visitenkarte.

Wann setzen Sie es ein?

- Wenn Sie Ihren Standpunkt mit Bezug auf ein typisches Beispiel begründen möchten.
- Potenzielle Schwachstelle: das Beispiel ist untypisch oder fehlerhaft.

Verschwendungsargument

Wenn Person X jetzt aufhören würde, Ziel A weiter zu verfolgen, wären alle Anstrengungen, A zu erreichen, umsonst gewesen.

Es ist negativ, wenn Anstrengungen, die gemacht werden, um A zu erreichen, verschwendet wären.

Daher: X sollte weiter versuchen, A zu erreichen.

Beispiel:

Wenn wir das Projekt abbrechen würden, wären alle Investitionen umsonst gewesen.

Es ist nicht richtig, diese Investitionen einfach abzuschreiben.

Daher: Das Projekt sollte nicht abgebrochen werden.

Wann setzen Sie es ein?

- Wenn Sie für die Weiterverfolgung eines Ziels plädieren möchten.
- Potenzielle Schwachstelle: Die Kosten sind höher als der positive Wert des angestrebten Ziels.

Regelargument

Wenn A eine etablierte Regel ist, dann muss man sich an die Regel halten.

A ist eine etablierte Regel für die Person X.

Daher: X muss sich an A halten.

Beispiel:

Es ist eine Regel, Seminararbeiten zum festgesetzten Termin abzugeben.

Diese Regel gilt auch für Sie, Paul.

Daher: Sie sollten sich an diese Regel halten.

Wann setzen Sie es ein?

- Wenn Sie Ihren Standpunkt mit Bezug auf eine existierende Regel begründen können.
- Potenzielle Schwachstellen: Regel existiert nicht, Regel im vorliegenden Fall nicht anwendbar.

Ausnahmeargument

Wenn eine Situation S eine vernünftige Ausnahme darstellt, dann ist die Regel nicht anwendbar.

S ist eine vernünftige Ausnahme.

Daher: Die Regel ist nicht anwendbar.

Beispiel:

Herr Professor, ich war in den letzten vier Wochen im Krankenhaus. Das ist eine vernünftige Ausnahme zu unserer Regel, Seminararbeiten zum festgesetzten Termin abzugeben.

Daher: Diese Regel ist nicht auf mich anwendbar.

Wann setzen Sie es ein?

- Wenn Sie gegen die Anwendung einer existierenden Regel argumentieren möchten.
- Potenzielle Schwachstelle: kein echter Ausnahmefall.

NoPower-Argumente: Unfaire Verführer

Argumente, die gar keine sind, sind als solche nicht immer leicht zu entlarven. Sie können uns beeinflussen, ohne dass wir merken, hinters Licht geführt worden zu sein. Und manche NoPower-Argumente können sogar eine gewisse Plausibilität entfalten.

In diesem Kapitel lernen Sie einige solcher Manipulationstechniken kennen und erfahren

- in welchen Kontexten bestimmte Taktiken auftreten,
- wie sie zu entlarven sind,
- wie Sie richtig darauf reagieren und sie fair abwehren.

Beeinflussen statt überzeugen

Wir haben bisher FullPower-, HighPower- und LowPower-Argumente besprochen. Sie erhielten ihre Namen je nach dem Stärkegrad, zu dem die Prämissen die Konklusion stützen. Wir haben dabei bereits auf einige Argumentationen aufmerksam gemacht, die zwar aussehen wie Argumente, aber gar keine echten Argumente sind, da die Prämissen die Konklusion in solchen Fällen nicht stützen. Solche vermeintlichen Argumente nennen wir NoPower-Argumente, was bedeuten soll, dass die Prämissen gar keine Begründung für einen Standpunkt oder eine Meinung liefern. Das heißt leider nicht, dass solche NoPower-Argumente keine Kraft in Kommunikationssituationen besitzen. Oft handelt es sich bei ihnen nämlich um sehr wirkungsvolle Manöver, die den Adressaten stark beeinflussen können und manchmal schwer abzuwehren sind.

Viele weitere solcher Taktiken, wie die Brunnenvergiftung, die Tabuisierungstaktik, die Traditionstaktik etc., finden Sie in unserem TaschenGuide Manipulationstechniken. Dort zeigen wir Ihnen auch, wie Sie sich fair gegen unfaire Angriffe wehren können.

Im Grunde haben Sie stets drei Möglichkeiten, auf NoPower-Argumente und Argumentationsfehler zu reagieren:

- Sie nennen die Taktik oder den Fehler beim Namen und markieren ihn als irrelevant für eine kritische und lösungsorientierte Diskussion. Diese Reaktion hat manchmal den wirkungsvollen psychologischen Effekt, dass Ihr Gesprächspartner erkennt, dass Sie im logischen Argumentieren geschult sind und er dadurch in seiner Argumentation vorsichtiger wird.

- Sie stellen kritische Fragen, die sofort die Schwachstellen der vermeintlichen Argumentation aufdecken.

- Sie bringen einprägsame Gegenbeispiele oder starten einen wirksamen Gegenangriff, was oft dann notwendig sein kann, wenn eine beobachtende dritte Partei anwesend ist, zum Beispiel bei einer Podiums- oder Fernsehdiskussion.

In diesem Kapitel werden wir Ihnen einige Taktiken und Argumentationsfehler vorstellen, die benutzt werden, um den Gesprächspartner auf die eigene Seite zu ziehen oder ihn in seiner Sichtweise zu beeinflussen. Wir müssen dabei jedoch vorsichtig vorgehen. Denn es gibt Situationen, in denen No-Power-Argumente zu LowPower-Argumenten, also schwachen, aber vernünftigen Argumenten, werden können. Die Grenzen sind hier fließend und hängen vom Gesprächskontext ab, in dem man sich befindet.

Taktik des abstrusen Gegenbeispiels

Bei der Taktik des abstrusen Gegenbeispiels wird eine aufgestellte Verallgemeinerung so stark interpretiert, dass sie durch ein verrücktes Beispiel aus den Angeln gehoben werden kann.

Beispiel

> Helga und ihre Freundin Cornelia diskutieren darüber, ob man seine Schulden immer begleichen und alles zurückgeben sollte, was man sich ausgeliehen hat. Helga entwickelt dabei einen wirklich außergewöhnlichen Standpunkt: „Ich finde es nicht richtig, dass immer alles zurückgegeben werden sollte, was man einem Menschen schuldet. Stell dir vor, jemand hat dir eine Waffe geliehen. Und du solltest sie ihm nun wiedergeben. In der Zwischenzeit ist er aber wahnsinnig geworden. Du gibst einem Verrückten dann Waffen in die Hand, was unverantwortlich ist."

Helga konstruiert in ihrer Argumentation einen außerordentlichen Umstand, durch den ein allgemeines Prinzip (nämlich seine Schulden zurückzuzahlen) ausgehebelt werden soll. Diese Taktik bzw. dieser Fehlschluss wird „Taktik des abstrusen Gegenbeispiels" genannt.

Wenn wir Verallgemeinerungen oder allgemeine Prinzipien aufstellen, so sind diese meistens nicht als strikte Verallgemeinerungen gedacht, die immer und in jedem Fall gelten. Vielmehr werden wir oft vernünftige Ausnahmen zu den Prinzipien und Verallgemeinerungen zulassen, das aber nicht besonders betonen oder herausstreichen. Und zwar deshalb nicht, weil wir davon ausgehen, dass auch unsere Gesprächspartner mit gesundem Menschenverstand ausgestattet sind und verstehen werden, wie unsere Prinzipien oder Verallgemeinerungen gemeint sind.

Wann begegnet uns die Taktik des abstrusen Gegenbeispiels?

Auf diese Taktik stoßen wir besonders dann, wenn der Gesprächspartner ganz stark auf einen bestimmten Fall fixiert ist, den er möglicherweise selbst erlebt hat und von dem er sich nicht lösen kann. Er sieht nur diesen bestimmten Fall, und es gelingt ihm nicht, davon zu abstrahieren. Abstruse Gegenbeispiele sind selten absichtliche Taktik.

Beispiel

 Jan: „Es ist vernünftig, bei einem Konflikt mit einem Mitarbeiter zuerst das Gespräch mit dem Mitarbeiter zu suchen." Klaus: „Der sagt aber vielleicht, dass er keine Zeit hat."

Klaus denkt an ein sehr konkretes Beispiel, das es aus seiner Sicht unmöglich macht, der von Jan aufgestellten Empfehlung zu folgen. Möglicherweise hat Klaus auch recht: Vielleicht sagt der eine oder andere Mitarbeiter wirklich, dass er keine Zeit habe. Aber dieser Fall setzt das Prinzip nicht außer Kraft, dass es sinnvoll ist, im Konfliktfall ein Gespräch zu führen.

Wie sollte man darauf reagieren?

Wenn Ihr Gesprächspartner ein abstruses Gegenbeispiel äußert, bleiben Sie ruhig. Kanzeln Sie das Beispiel nicht als Unsinn ab, sondern machen Sie vielmehr klar, dass es natürlich zu einem Prinzip vernünftige Ausnahmen geben kann.

Agnes' Argument im folgenden Beispiel ist so absurd, dass diese Empfehlung allerdings nicht so leicht zu beherzigen ist.

Beispiel

 Claudia: „Es ist wichtig, sich nach jedem Gespräch Notizen zu machen, um die wichtigsten Punkte nicht zu vergessen." Agnes: „Und wenn jetzt aber der Bleistift abbricht?" Claudia: „Das kann natürlich passieren, ändert jedoch nichts daran, dass man die wichtigsten Punkte des Gesprächs notieren sollte. Für Notfälle sollten Sie vielleicht einen zweiten Bleistift dabei haben."

Bewundernswert, wie ruhig Claudia auf Agnes' Frage reagiert.

Fehlschluss der Faktenverneinung

Manchmal gelingt es uns sehr gut, Tatsachen und Fakten zu ignorieren – so wie Ina in unserem Beispiel –, nur damit unsere heiligen Prinzipien und festen Überzeugungen nicht umgestoßen werden müssen.

Beispiel

 Stratos hat sich eine schwere Erkältung zugezogen. Ina hat ein Heilmittel, auf das schon ihre Mutter immer geschworen hat. Ina: „Nimm noch einmal von dem Medikament ein, das ich dir gegeben habe. Das ist gut für dich." Stratos: „Aber es hat bisher überhaupt noch nicht gewirkt." Ina: „Das zeigt, dass du noch mehr davon nehmen solltest."

Ina unterliegt hier einem Denkfehler. Er hat den Namen Fehlschluss der Faktenverneinung. Unsere Prinzipien und Überzeugungen sollten immer an der Realität getestet werden.

Wenn Tatsachen unseren allgemeinen Anschauungen widersprechen, müssen wir sie wahrscheinlich ändern. Beim Fehlschluss der Faktenverneinung wird der Fehler gemacht, Tatsachen zu ignorieren oder zu negieren, weil sie Prinzipien widersprechen, an denen man festhalten möchte.

Oft ist es vernünftig, an einem Prinzip festzuhalten, auch wenn es eine widersprechende Tatsache gibt. Allerdings muss dann nach einer Erklärung gesucht werden, warum das Faktum das Prinzip nicht wirklich widerlegt. Verkehrt wäre es jedoch, Prinzipien oder allgemeine Überzeugungen generell nicht durch die Tatsachen testen zu lassen.

Wann wird der Fehlschluss der Faktenverneinung begangen?

Dieser Fehlschluss wird oft begangen, wenn man der Realität einfach nicht ins Auge blicken möchte. Geschickt wird er angewandt, wenn die Tatsachen nicht direkt geleugnet, sondern so uminterpretiert werden, dass „gezeigt" werden kann, dass sie nicht das sind, was sie scheinen. Dieses Manöver versucht Hans im folgenden Fall anzuwenden.

Beispiel

Hans ist der Meinung, dass es im Abteilungsteam einen tieferliegenden Konflikt geben muss. Peter, sein Kollege, erklärt: „Aber alle haben geäußert, dass sie keinen solchen Konflikt sehen." Darauf sagt Hans: „Gerade das zeigt doch, dass es da einen Konflikt gibt."

Von Hans werden die Tatsachen (hier: die Äußerung der Teammitglieder, dass kein Konflikt existiere) so gedeutet, dass sie zu seiner Überzeugung passen. Auf diese Weise könnte man zahlreiche Standpunkte rechtfertigen. So könnte man beispielsweise für die Position argumentieren, dass Entwicklungshilfe absolut notwendig ist: Wenn die Entwicklungshilfe positive Effekte hat, dann kann dadurch gezeigt werden, dass sie gebraucht wird. Wenn Erfolge ausbleiben, zeigt das nur, dass mehr Entwicklungshilfe erforderlich ist.

Wie können Sie darauf reagieren?

Am besten reagieren Sie, indem Sie die Taktik beim Namen nennen und auf diese Weise deutlich machen, was der Gesprächspartner gerade eingesetzt hat – so wie Erich im folgenden Beispiel.

Beispiel

 Erich: „Es gibt eine Reihe von Anzeichen, dass es in Europa wegen der Staatsverschuldungen zu Turbulenzen auf dem Rentenmarkt kommen könnte." Günter: „Es ist trotzdem gut und richtig, europäische Staatsanleihen zu investieren. Wir lassen uns nicht mürbe machen." Erich: „Günter, wir sollten aufpassen, nicht den Fehlschluss der Faktenverneinung zu begehen. Du weißt selbst, wie leicht es passieren kann, an der Realität vorbei zu handeln. Lass uns die Tatsachen noch einmal prüfen."

Erich macht also darauf aufmerksam, dass man nicht den Fehlschluss der Faktenverneinung begehen sollte, und schließlich lädt er Günter dazu ein, noch einmal die Daten zu überprüfen.

Argument aus dem Nichtwissen

Es gibt viele Dinge, die wir einfach nicht wissen. Wir wissen nicht, ob außerirdisches Leben existiert. Wir wissen nicht, ob unser Sozialsystem auch in Zukunft erfolgreich sein wird. Wir wissen nicht, ob wir nächsten Samstag sechs Richtige im Lotto haben werden. Wir wissen nicht, ob wir je die Armut einschränken können. In Zusammenhang mit all diesem Nicht-Wissen kann es leicht passieren, dass uns ein Fehlschluss unterläuft.

Beispiel

Markus: „Woher willst du wissen, dass es UFOs gibt?" Julia: „Bisher wurde nie das Gegenteil bewiesen."

Diese Argumentationsform hat folgende Gestalt:

Wir wissen nicht (es wurde nie bewiesen), dass A wahr ist.

Daher: A ist falsch.

Wir wissen nicht (es wurde nie bewiesen), dass A falsch ist.

Daher: A ist wahr.

Es wurde nie bewiesen, dass es keine UFOs gibt, also muss es UFOs geben. Diese Argumente nennen wir Argumente aus dem Nichtwissen.

Wer so argumentiert, kann einem gehörigen Irrtum aufsitzen. Nur weil wir über eine bestimmte Sache keine Information haben, folgt daraus nicht schlüssig, dass das Gegenteil richtig sein muss. In dieser Form sind Argumente aus dem Nicht-Wissen NoPower-Argumente.

Beispiel

 Manuela: „Es wurde nie wirklich bewiesen, dass die Astrologie falsch ist. Sie muss daher richtig sein."

Dass es uns bisher noch nicht gelungen ist, nachzuweisen, dass Sterndeutung keine brauchbaren Ergebnisse liefern kann, legitimiert keinesfalls die Astrologie. In dieser starken Form sind Argumente aus dem Nicht-Wissen fehlerhaft. Es gibt jedoch einige schwächere Varianten, die durchaus vernünftige LowPower-Argumente sein können. Deshalb dürfen wir nicht alle Argumente aus dem Nicht-Wissen von vornherein verdammen. Ein sinnvolles Argument bietet das nächste Beispiel.

Beispiel

 Kommissar Müller zu seinem Kollegen: „Bisher konnte nicht wirklich nachgewiesen werden, dass Meier ein Spion ist. Wir sollten daher davon ausgehen, dass er mit der Spionageaffäre nichts zu tun hat."

Müllers Argument kann plausibel sein. Denn wenn wir versuchen, jemandem nachzuweisen, dass er ein Spion ist, werden viele Untersuchungen und Nachforschungen angestellt.

Wenn diese Sammlung von Informationen nicht zur Stützung der Konklusion führt, dass Meier ein Spion ist, spricht einiges dafür, dass er kein Spion ist. Dies ist natürlich nicht zwingend nachgewiesen, aber wir haben ein vernünftiges Plausibilitätsargument

Ein Argument aus dem Nichtwissen kann also ein brauchbares LowPower-Argument sein. Argumente aus dem Nichtwissen können auch dann vernünftig sein, wenn Sicherheitsfragen eine Rolle spielen. Es kann also sehr wohl Situationen geben, in denen Argumente aus dem Nichtwissen eine gewisse Plausibilität besitzen und auf vernünftige Weise die Beweislast verschieben können.

Beispiel

 PowerSoft, ein Softwareunternehmen, will mit EntraTox, einem Beratungsunternehmen, eine Kooperationsvereinbarung treffen, um sich gegenseitig in den Kompetenzen zu ergänzen. Bisher ist es jedoch noch zu keinem Abschluss gekommen. Kuno, Verhandlungsführer von PowerSoft, spricht darüber mit einigen Abteilungsleitern: „Wir wissen nicht genau, ob EntraTox mit uns wirklich einen Vertrag abschließen wird. Wir sollten uns daher die Möglichkeit offenhalten, einen anderen Partner zu suchen."

Auch das Argument von Kuno kann sehr vernünftig sein.

Fehlschluss der Zusammensetzung

Hans, ein treuer Fan seines Fußballvereins, sieht wieder einmal beim Training seiner Mannschaft zu. Er denkt: „Jeder Spieler dieser Mannschaft ist wirklich ein ausgezeichneter

Spieler. Daher muss die Mannschaft auch ausgezeichnet sein."

Dieser Überlegung ist schon so mancher Bundesligaclub aufgesessen und hat teuer dafür bezahlt. Kennen wir nicht alle Spitzenmannschaften, deren Teamleistung deutlich hinter den Erwartungen zurückbleibt? Der Gedankengang von Hans enthält den sogenannten Fehlschluss der Zusammensetzung. Dieser Fehlschluss passiert, wenn argumentiert wird, dass eine Einheit von Dingen eine bestimmte Eigenschaft hat, weil die Teile dieser Einheit diese Eigenschaft haben. Der gleiche Fehler unterläuft Gustav im folgenden Beispiel.

Beispiel

 Gustav: „Alle Teilprojekte haben eine klare Zielsetzung. Daher hat auch das Gesamtprojekt eine klare Zielsetzung."

Schön wär's! Es ist falsch, anzunehmen, dass das, was von den Teilen gilt, auch von der zusammengesetzten Einheit wahr sein muss. Man übersieht dabei, dass Eigenschaften, die Teile eines Ganzen haben, sich nicht automatisch auf das Ganze übertragen lassen. Der Schluss „Alle Teile dieses Autos sind ganz leicht. Also ist das Auto ganz leicht." ist ein plastisches Beispiel für diesen Denkfehler.

Beispiele

Iris: „Jeder verfolgt seine eigenen Interessen und ist egoistisch. Unsere Gesellschaft ist daher egoistisch."

Bruno: „Die Stahl- und die Kohleindustrie profitieren von Subventionen. Es wäre daher von Vorteil für unsere gesamte Wirtschaft, wenn alle Zweige entsprechend subventioniert würden."

Ines: „Die Mitglieder in den einzelnen Abteilungen arbeiten wunderbar zusammen. Es ist daher zu erwarten, dass auch die Abteilungen insgesamt gut zusammenarbeiten."

Der Bruder des Fehlschlusses der Zusammensetzung ist der Fehlschluss der Teilung. Hier geht man genau in umgekehrter Richtung vor. Man schließt von dem, was für eine Einheit von Dingen gilt, darauf, dass auch die einzelnen Bestandteile diese Eigenschaft haben. Dieser Fehlschluss unterläuft uns oft dort, wo man von etwas Allgemeinem auf einen besonderen Fall schließen möchte.

Beispiel

Sonja zu ihrer Kollegin: „Das Team X liefert hervorragende Leistung. Herr Meier ist aus diesem Team. Er muss daher ein Spitzenmann sein."

Hoffentlich wird Sonja nicht enttäuscht. Achten Sie also darauf, Eigenschaften, die einzelne Bestandteile haben, nicht einfach auf das Ganze zu übertragen, das sich aus diesen Bestandteilen zusammensetzt – und umgekehrt.

Da-capo-Taktik

Schallplatten können hängenbleiben, wenn sie einen Kratzer haben. Die gleiche Stelle wird dann immer aufs Neue wiederholt. Auch in Argumentationssituationen erleben wir manchmal, dass für Standpunkte nicht argumentiert wird, sondern diese Standpunkte einfach nur fortlaufend wiederholt werden. Doch aus der bloßen Wiederholung eines Standpunkts wird kein Argument. Betrachten Sie dazu folgenden Dialog.

Beispiel

 Georg: „Wir müssen kundenorientierter arbeiten." Paul: „Warum sollten wir das?" Georg: „Es ist einfach so, wir müssen kundenorientierter werden." Paul: „Ich weiß nicht." Georg: „Doch Paul, wir müssen unbedingt kundenorientierter vorgehen."

Im Grunde wird hier dem Gesprächspartner ein Standpunkt nur so lange eingeschärft, bis er ihn möglicherweise „schluckt". Argumente aber sind weit und breit keine in Sicht. Ständige Wiederholungen können große Suggestivkraft entwickeln. Wer diese Taktik, die wir Da-capo-Taktik nennen, benutzt, ist meistens immun gegen jedes Gegenargument. Es gilt, so lange und so penetrant wie möglich, den eigenen Standpunkt zu wiederholen, bis der Wunsch dagegen bzw. der Gesprächspartner völlig erlahmt ist.

Beispiel

 Abteilungsleiter Max spricht zu Geschäftsführerin Hilde: „Ich habe Ihnen schon ein Jahr lang ausführlich dargelegt, dass es unmöglich ist, in unserer Abteilung noch Kosten zu sparen. Wo sollen wir anfangen? Beim Personal? Das geht nicht. Bei der Organisation? Das geht auch nicht. Wir haben keine Möglichkeiten, Einsparungen zu realisieren. Es geht einfach nicht."

An keiner Stelle bringt Max ein Argument dafür, warum keine weiteren Kosten gesenkt werden können. Lassen Sie sich durch diese Taktik nicht aus der Ruhe bringen, auch wenn sie entnervend sein kann. Beharren Sie einfach auf Ihrer Position und laden Sie den Gesprächspartner unermüdlich ein, seinen Standpunkt zu begründen. Genau dies tut Hilde als Reaktion auf die Da-capo-Taktik von Max. Sie erwidert: „Ich sehe, dass es für Sie schwierig zu sein scheint, Einsparungen vorzunehmen. Könnten Sie mir bitte die wichtigsten Gründe nennen, die es Ihnen unmöglich machen?"

Fehler der einseitigen Perspektive

Wenn wir Entscheidungen vorbereiten, dann sollten wir uns ansehen, welche Argumente dafür sprechen und welche dagegen. Und dann gilt es abzuwägen, welche Seite schwerer wiegt und welche Seite die besseren Argumente hat. Wer einer solchen Pro-und-Kontra-Argumentation aus dem Weg geht, der begeht den Fehler der einseitigen Perspektive. Zwei Beispiele machen diesen Fehler deutlich:

Beispiel

 Rudi zu seinem Sohn: „Du solltest auf jeden Fall ins Ausland gehen. Du lernst neue Leute kennen und eine neue Sprache. Du musst mit neuen Herausforderungen fertigwerden, und wenn du zurückkommst, hast du erheblich bessere Aufstiegschancen."

Rudi sieht nur die positive Seite, Agnes im folgenden Beispiel nur die negative.

Beispiel

 Agnes: „Ich halte nichts davon, sich selbständig zu machen. Die Gefahren sind viel zu groß. Du musst viel zu viel arbeiten. Du bist abhängig von den Banken, die dein Unternehmen finanzieren. Du kannst dich nicht um deine Familie kümmern."

Der Fehlschluss der einseitigen Perspektive kann sowohl von der Vorteilsseite her geschehen als auch von der Nachteilsseite. Eine objektive Abwägung wird in jedem Fall vermieden. Wenn relevantes Material ignoriert wird, dann lassen wir uns dadurch zu schnell auf eine Seite der Entscheidung ziehen. In unserer eigenen Argumentation sollten wir darauf achten, ob wir, wenn es um Entscheidungen geht, wirklich vorurteilsfrei alle Perspektiven geprüft haben. Wir betrügen uns selbst, wenn wir bloß die eine Seite der Medaille in Augenschein nehmen, nur weil sie am stärksten unserer Wunschvorstellung entspricht.

Es gibt eine sehr raffinierte Variante der einseitigen Perspektive, auf die man achtgeben sollte. Sie funktioniert auf folgende Art und Weise: Angenommen, Sie wollen für die positive Seite einer Entscheidung argumentieren. Dann nennen

Sie zuerst einen ganz marginalen Nachteil, sozusagen das Zugeständnis an die andere Seite (Sie täuschen Objektivität vor) und starten dann mit der Aufzählung der positiven Aspekte.

Beispiel

Bei der Logo GmbH geht es um die Frage, ob man ein neues Produkt herstellen sollte, obwohl man bisher keinerlei Erfahrung mit der Produktion dieses oder eines ähnlichen Produkts hat. Rudi favorisiert die Idee der Produktion. Er argumentiert:

„Natürlich würde die Herstellung dieses neuen Produkts bedeuten, dass unsere Mitarbeiter eingearbeitet werden müssten, aber dem stehen die Vorteile entgegen, dass wir uns ein ganz neues Marktsegment erschließen können, ein Marktsegment, das ein ungeheures Wachstumspotential aufweist."

Dass die Mitarbeiter eingearbeitet werden müssten, wenn man das fragliche Produkt herstellen will, ist nur ein Randaspekt der Nachteilsseite. Es dürfte schwerwiegendere Gründe geben, die gegen eine Produktion sprechen. Aber über die geht Rudi geschickt hinweg.

Fehlschluss der Beispielswiderlegung

Um anschaulich zu argumentieren, kann es sehr nützlich sein, ein Beispiel zur Illustration zu bringen. Wenn nun das Beispiel angegriffen und widerlegt wird, die zentrale Behauptung und das zentrale Argument aber davon unberührt bleibt, so wird der Fehlschluss der Beispielswiderlegung begangen. Wenn man ein Beispiel widerlegt, das nur zu Illustrationszwecken vorgebracht wird, dann darf man nicht so tun, als habe man das Argument selbst erfolgreich angegriffen.

Beispiel

 Emil: „Erstaunlich viele Vorgesetzte sind Choleriker. Zum Beispiel der Herr Bauer aus der Vertriebsabteilung, der rastet ständig aus und hat cholerische Anfälle." Xaver: „Das stimmt nicht. Der Bauer ist gar kein Chef."

Der Angriff auf das Beispiel ist kein Angriff auf das zentrale Argument oder die zentrale Behauptung. Ein Argument darf nicht deswegen diskreditiert werden, weil das zur Illustration gewählte Beispiel nicht passt.

Auf die Taktik der Beispielswiderlegung reagieren Sie am besten, indem Sie genau diesen Punkt herausstreichen.

Vage Ausdrücke

Die inhaltliche Qualität Ihrer Argumente hängt nicht nur von der verwendeten Argumentform ab, sondern auch von der Sprache, in die Sie Ihre Argumente kleiden. Dabei gilt eine wichtige Regel: Je präziser Sie sich ausdrücken, umso besser sind Ihre Argumente. Denn für Ihren Gesprächspartner und auch für Sie selbst wird Ihr Gedankengang dadurch nachvollziehbarer.

Achten Sie auf Präzision. Ein großer Schwachpunkt in vielen Argumentationen ist eine unklare Sprache. Gerade in einer Zeit, in der uns Begriffe wie „Kundenorientierung", „Qualitätsmanagement" oder „Reengineering" überfluten.

Jeder benutzt diese Ausdrücke, meint aber immer etwas ganz anderes damit. Diese Vagheit finden wir aber nicht nur in den Modewörtern der Managementtheorie. Wir treffen sie auch bei wichtigen Alltagsbegriffen. Betrachten Sie doch nur einmal den Ausdruck „Ziel". Wer kann schon klar erläutern, was ein Ziel genau ist?

Andere sehr strapazierte, aber im Grunde unklare Begriffe sind „kooperativer Führungsstil", „Kommunikation", „Struktur". Fast alle benutzen diese Wörter, aber jeder versteht etwas anderes darunter. Die Folge ist ein babylonisches Sprachwirrwarr. Wir verwenden zwar die gleichen Worte, verstehen uns aber trotzdem nicht. Daher ist es wichtig, dass Sie beim Aufbau einer Argumentation darauf achten, möglichst präzise Begriffe zu verwenden, oder diese Begriffe bei Bedarf erklären zu können.

Wenn Ihr Gesprächspartner typische Schlagwörter in seinen Argumenten benutzt, bitten Sie ihn, diese Begriffe zu erläutern. Sie werden nämlich aneinander vorbeireden, wenn Sie keine Präzisierung vornehmen. Gehen Sie nicht davon aus, dass alle dasselbe unter einem Ausdruck verstehen. Es gibt eine interessante Maxime, die in diesen Zusammenhang passt: Sprechen Sie nicht so, dass Sie verstanden werden; sondern sprechen Sie so, dass Sie nicht missverstanden werden. Diese Regel besagt, dass Sie Ausdrücke und Formulierungen benutzen sollten, durch die gewährleistet wird, dass Sie in genau der Weise verstanden werden, wie Sie verstanden werden wollen. (Ich hoffe, wir haben uns klar genug ausgedrückt.)

Spüren Sie Unklarheiten auf

Natürlich können wir an unsere Sprache nicht den Maßstab anlegen, dass alle Begriffe immer optimal präzise sind. Das ist eine unerfüllbare Forderung. Denn selbst in unsere Begriffe der Alltagssprache, zum Beispiel den Ausdruck „Stuhl", ist Vagheit eingebaut. Welche Gegenstände können unter diesen Begriff fallen? Es gibt keine eindeutigen Standards, die für jede Situation und in jeder Hinsicht festlegen würden, was als Stuhl gelten kann. Auf einer Hütte in den Bergen kann eine umgedrehte Holzkiste durchaus ein Stuhl sein.

Welchen Maßstab an Präzision wir anlegen, hängt auch davon ab, in welchem Argumentationskontext wir uns befinden. Wenn es sich um eine wissenschaftliche Diskussion handelt, werden wir strengere Maßstäbe voraussetzen, als wenn es eine Teambesprechung zum Betriebsausflug oder eine Stammtischrunde ist.

Kurz: Wir müssen mit Vagheit notgedrungen leben. Aber wir sollten uns der Fallstricke bewusst sein, die darin lauern, dass wir vage und unklare Begriffe benutzen. Viele Diskussionen verlaufen oft deshalb ergebnislos, weil jeder dieselben Wörter in unterschiedlicher Weise versteht. Deshalb ist es wichtig, bei möglichen Unklarheiten sofort nachzufragen, was mit diesem oder jenem Begriff genau gemeint ist. „Was heißt für Sie ‚kooperativer Führungsstil' genau? Was umfasst das alles für Sie?" Wenn wir diese Frage bei einer Diskussion zum Thema „kooperativer Führungsstil" nicht stellen, dann kann es sein, dass wir völlig aneinander vorbeireden. Auf der anderen Seite bietet die Frage nach der Präzisierung eines Begriffes auch die Möglichkeit zu sehen, wo man Übereinstimmungen mit seinem Gesprächspartner hat oder wo der Gesprächspartner vielleicht in Widersprüche gerät.

Vager Begriff – schlechtes Argument

Die Vagheit von Begriffen ist die Ursache dafür, dass viele Argumente fehlschlagen und zu NoPower-Argumenten werden. Wir möchten Ihnen einen Argumentationsfehler vorstellen, der auf Vagheit beruht. Er entsteht dadurch, dass einzelne Wörter nicht durchgängig in der gleichen Bedeutung verwendet werden. Vielmehr wird den Ausdrücken im selben Argument manchmal eine weite und manchmal eine enge Bedeutung beigelegt.

Beispiel

Paula und Rita unterhalten sich über das Heiraten. Paula ist der Meinung, dass die Ehe eine ausgezeichnete Institution sei, die unbedingt erhalten werden sollte. Rita dagegen ist der Meinung, dass die Ehe sich überlebt hat und andere Formen des Zusammenlebens den Bedürfnissen der Menschen besser entsprechen. Es entspinnt sich folgender Dialog:

Rita: „Zu heiraten heißt doch, sich gegenseitig das Versprechen zu geben, für den Rest seines Lebens mit ein und derselben Person zusammenzubleiben. Aber niemand kann wirklich sicher vorhersagen, ob man sich mit der anderen Person für immer verträgt."

Paula: „Aber inwiefern spricht das gegen die Ehe? Machen wir nicht öfters Versprechen, die wir dann einfach nicht halten können?" Rita: „Sicher. Aber die Sache ist doch die, dass man kein Versprechen geben sollte, wenn man nicht sicher vorhersagen kann, dass man es auch halten wird."

> Paula: „Dann meinst du also: Wenn zwei Menschen sich nicht vertragen, dann können sie auch nicht zusammenleben. Dann sollten sie sich auch kein solches Versprechen geben, weil sie es ohnehin nicht halten können."
>
> Rita: „Genau das meine ich und daraus folgt exakt, dass man nicht heiraten sollte."

Rita scheint in diesem Beispiel ein sehr gutes Argument zu besitzen. Was könnte Paula darauf überhaupt noch erwidern? Das Argument erscheint korrekt, und die einzelnen Prämissen sehen sehr plausibel aus. Sehen wir uns das Argument jetzt einmal genauer an. Es hat folgende Struktur:

(1) Zu heiraten heißt, sich das Eheversprechen zu geben, für den Rest seines Lebens mit ein und derselben Person zusammenzubleiben.

(2) Niemand kann wirklich sicher vorhersagen, ob man sich mit der anderen Person für immer verträgt.

(3) Man sollte kein Versprechen geben, wenn man nicht wirklich sicher vorhersagen kann, dass man es auch halten wird.

(4) Wenn zwei Menschen sich nicht vertragen, dann können sie auch nicht zusammenleben.

(5) Man sollte nichts versprechen, das man nicht tun kann.

Daher: Man sollte nicht heiraten.

Das ist ein Argument mit fünf Prämissen. Wenn Sie diese Prämissen einmal einzeln betrachten, dann scheint jede für sich ein hohes Maß an Plausibilität zu besitzen. Alle zusammen haben sie die Konklusion zur Folge, dass man nicht heiraten sollte. Wie genau funktioniert das? Aus den Prämissen (2) und (4) folgt, dass man nicht sicher vorhersagen kann, ob man mit der anderen Person für immer zusammenleben kann. Zusammen mit (3) und (5) folgt daraus, dass man niemand versprechen sollte, dass man für den Rest seines Lebens mit ihm zusammenleben wird. Aber dies, zusammen mit Prämisse (1), ergibt die Konklusion, dass man nicht heiraten sollte.

Das Argument scheint logisch in sich schlüssig. Trotzdem ist etwas falsch gelaufen. Der springende Punkt ist die Vagheit solcher Ausdrücke wie „sich vertragen" und „etwas sicher vorhersagen". Sehen wir uns nur einmal den ersten Begriff an. Was bedeutet „sich vertragen" eigentlich genau? Dieser Ausdruck ist nicht exakt definiert. Man kann ihn auf unterschiedliche Weise verstehen. Insbesondere könnte man ihm eine strenge, enge Bedeutung oder eine tolerante, weite Bedeutung geben:

- Enge Bedeutung: „sehr gut und konfliktfrei miteinander leben (in Liebe und Harmonie)"

- Weite Bedeutung: „mit Spannungen zusammenleben und als Paar funktionieren"

Der Ausdruck „sich vertragen" kommt in den Prämissen (2) und (4) vor. Aber mit welcher Bedeutung kommt er darin vor, mit der weiten oder mit der engen? Prämisse (2) ergibt im Grunde nur Sinn, wenn dem Ausdruck die enge Bedeutung gegeben wird. Gibt man ihm die weite Bedeutung, kann es nämlich sein, dass die Prämisse falsch wird, weil es durchaus Paare geben kann, die zumindest den Mindeststandard des Sich-Vertragens erfüllen können und sich auch trauen, diese Mindestanforderung vorherzusagen. Wie steht es mit Prämisse (4)? Diese Prämisse ist nur plausibel, wenn man „sich vertragen" in der weiten Bedeutung nimmt. Denn niemand wird bestreiten, dass man gut zusammenleben kann, auch wenn man nicht konfliktfrei in Liebe und Harmonie sein Leben zusammen verbringt. In Prämisse (4) muss also die weite Bedeutung gewählt sein.

Jetzt sehen wir, was in dem gesamten Argument schiefläuft: Der Ausdruck „sich vertragen" schwankt zwischen verschiedenen Bedeutungen. An diesem Punkt könnte man das Argument kritisieren. Natürlich fällt uns der Fehler erst dann genau auf, wenn wir das Argument einer näheren Analyse unterziehen, was in Dialogsituationen im Eifer des Gefechts nur schwer möglich ist.

Was können Sie tun?

Was also in Gesprächen tun? Achten Sie auf Schlüsselwörter, die im Argument vorkommen. Fragen Sie nach, was genau mit dem Schlüsselwort gemeint ist. Achten Sie später dann darauf, ob dem Schlüsselwort immer noch die gleiche Bedeutung beigelegt wird, oder ob sich die Bedeutung geändert hat. In diesem Fall können Sie den Argumentierenden dafür kritisieren.

Alle NoPower-Argumente auf einen Blick

Zum Schluss noch ein Überblick über alle Taktiken, die wir Ihnen hier vorgestellt haben.

Taktik des abstrusen Gegenbeispiels

Eine aufgestellte Verallgemeinerung wird so stark interpretiert, dass sie durch ein verrücktes Beispiel aus den Angeln gehoben werden kann.

Fehlschluss der Faktenverneinung

Tatsachen werden ignoriert oder verneint, weil sie Prinzipien widersprechen, an denen man festhalten möchte.

Argument aus dem Nichtwissen

Aus der Tatsache, dass ein Sachverhalt nicht schlüssig bewiesen ist, wird gefolgert, dass das Gegenteil richtig sein muss.

Fehlschluss der Zusammensetzung

Einer Einheit von Dingen wird eine bestimmte Eigenschaft zugeschrieben, weil die Teile dieser Einheit diese Eigenschaft haben.

Da-capo-Taktik

Ein Standpunkt wird fortlaufend wiederholt.

Fehler der einseitigen Perspektive

Ein Sachverhalt wir nur aus einem Blickwinkel (Pro oder Kontra) betrachtet.

Fehlschluss der Beispielswiderlegung

Man widerlegt ein Beispiel, das nur zu Illustrationszwecken vorgebracht wird. Das eigentliche Argument bleibt unangetastet.

Vage Ausdrücke

Im Argument kommen ungenaue und mehrdeutige Ausdrücke vor.

Übungen

Zum Abschluss haben wir ein paar Übungen für Sie zusammengestellt. Es geht darum, Argumente und Argumentformen zu erkennen. Am Ende dieses Abschnitts (ab S. 247) finden Sie einen Lösungsteil.

Übung 1

Identifizieren Sie im folgenden Argument die Prämissen und die Konklusion.

Ein Politiker zu seinem Kollegen: „Das Rauchen von Marihuana sollte nicht legalisiert werden, da über die Langzeiteffekte von Marihuana zu wenig bekannt ist und das Rauchen von Marihuana oft zum Gebrauch harter Drogen führt."

Konklusion:

Prämissen:

Übung 2

Folgendes Argument stammt von einem Philosophen. Identifizieren Sie wieder die Konklusion und die Prämissen.

Der menschliche Geist ist nicht mit dem menschlichen Gehirn identisch. Denn der menschliche Körper, einschließlich Gehirn, ist ein materieller Gegenstand. Der menschliche Geist ist ein nicht-materieller Gegenstand. Nichts kann zugleich ein materieller und ein nicht-materieller Gegenstand sein.

Konklusion:

Prämissen:

Übung 3

Welche Argumentform benutzt Ruth im folgenden Dialog?

Ruth: „Ich könnte dir von einigen Renaissancepäpsten Dinge erzählen, dass dir die Haare zu Berge stünden."

Hans: „Irgendwie bekomme ich das Gefühl, dass doch einiges für den Protestantismus spricht."

Ruth: „O nein, sag das nicht. Erkennst du denn nicht, dass dies im Grunde ein weiterer Beweis dafür ist, dass die Kirche wirklich göttlichen Ursprungs ist? Jede andere Institution wäre seit Jahrhunderten bereits zusammengebrochen, hätte sie so viele korrupte Mitglieder gehabt. Aber es gibt etwas, das die Kirche am Leben erhält."

a) Schlusskette ☐

b) Dilemma ☐

c) Nein-zur-Konsequenz-Argument ☐

Argumentschema:

Übung 4

Welche Argumentform benutzt Paul im folgenden Argument?

Paul: „Die Arbeitgeber werden in der Abschlussverhandlung in der nächsten Woche bestimmt wieder ihre Zielvorstellungen verwirklichen können. In der Vergangenheit haben sie ja immer ihre Ziele weitestgehend durchsetzen können."

a) Autoritätsargument ☐

b) statistischer Syllogismus ☐

c) Ja-zur-Konsequenz-Argument ☐

Übung 5

Welche Argumentform benutzt Lydia?

Lydia: „Unser Bildungssystem ist dringend reformbedürftig. Alle führenden Wissenschaftler stehen auf diesem Standpunkt. Daher muss unbedingt etwas in diese Richtung unternommen werden."

a) Autoritätsargument ☐

b) Hypothesenbestätigung ☐

c) Ausnahmeargument ☐

Übung 6

Welche Argumentform benutzt Klaus in folgender Passage?

Klaus: „Politisches Chaos und die hohe Arbeitslosigkeit haben in der Weimarer Zeit dazu geführt, dass die Demokratie zerstört wurde. Und wie sieht die Situation heute aus? Auch heute haben wir ein riesiges Heer an Arbeitslosen. Wir sollten daher aufpassen, dass wir unser demokratisches System nicht gefährden."

a) Autoritätsargument ☐

b) Argument aus dem Nichtwissen ☐

c) Analogieargument ☐

Übung 7

Welche Argumentform benutzt Rita?

Rita zu den Vertriebsmanagern: „Die Verkaufszahlen in der Region Nord sind drastisch zurückgegangen, im Süden sind sie dagegen leicht gestiegen. Außerdem haben sich die Beschwerden im Norden erhöht. Ich vermute daher, dass die Verkaufsmannschaft im Norden nicht gut funktioniert."

a) Argument der praktischen Konsequenzen ☐

b) Indizienargument ☐

c) Verschwendungsargument ☐

Übung 8

Welche Argumentform benutzt Hans?

Hans: „Wir haben bereits eine Menge an Energie, Zeit und Geld in die Entwicklung dieses neuen Motors gesteckt. All dies wäre verloren, wenn wir jetzt die Entwicklungsarbeit einstellen würden. Vor allem angesichts der Tatsache, dass uns letzte Woche der Durchbruch bei der Reduzierung des Spritverbrauchs gelungen ist."

a) Verschwendungsargument ☐

b) Regelargument ☐

c) Lawinenargument ☐

Übung 9

Welche Argumentform benutzt Karin?

Karin auf der Vorstandssitzung: „Wir sollten in der jetzigen Lage keine Unternehmensteile veräußern. Wenn wir nämlich anfangen, uns von Unternehmensteilen zu trennen, dann verlieren wir an Substanz und das wäre der erste Schritt zu unserem Ableben."

a) Lawinenargument ☐

b) Analogieargument ☐

c) Dilemma ☐

Übung 10

Welches Argument benutzt der Staatsanwalt in folgender Passage?

Staatsanwalt: „Wir haben alle möglichen Spuren verfolgt. Aber bisher gibt es keinen einzigen Beweis dafür, dass Herr X in den Betrugsfall verwickelt ist. Wir sollten daher davon ausgehen, dass er unschuldig ist."

a) Statistischer Syllogismus

b) Argument aus dem Nichtwissen

c) Ausnahmeargument

Übung 11

Wenn-dann-Aussagen lassen sich in verschiedene Versionen umformulieren. Welche der unten aufgeführten Aussagen ist – logisch betrachtet – bedeutungsgleich mit folgendem Wenn-dann-Satz:

Wenn Klaus vom Bahnhof abgeholt werden möchte, dann schickt er eine SMS.

a) Wenn Klaus keine SMS schickt, dann möchte er nicht abgeholt werden. ☐

b) Nur, wenn Klaus eine SMS schickt, dann möchte er abgeholt werden. ☐

c) Falls Klaus nicht abgeholt werden möchte, schickt er keine SMS. ☐

Übung 12

Viele Alltagsargumentationen bestehen im Grunde aus unvollständigen Argumenten. Meistens fehlen irgendwelche Prämissen, entweder weil sie zu selbstverständlich sind oder weil man sie in der Argumentation einfach übersieht. Welche Prämisse fehlt in folgendem Argument?

(1) Wenn die Reichen mehr von ihrem Vermögen abgeben würden, dann wären die armen Menschen in unserem Land besser dran. (2) Dass die Reichen nicht mehr von ihrem Vermögen abgeben, ist somit ein Grund dafür, dass es den Armen in unserem Land nicht besser geht.

Die Konklusion (2) folgt nicht unmittelbar aus der Prämisse (1). Es fehlt eine wichtige Prämisse. Wie lautet sie?

a) Die Reichen geben nichts von ihrem Vermögen. ☐

b) Die Reichen haben die Pflicht, etwas von ihrem Vermögen abzugeben. ☐

c) Die Reichen könnten mehr von ihrem Vermögen abgeben, als sie tatsächlich tun. ☐

Übung 13

Was ist der Schwachpunkt in folgendem Argument?

„Im letzten Quartal hatten wir 5687 fehlerhafte Produkte, die wir aussortieren mussten. Das ist kein akzeptabler Zustand. Deswegen müssen wir unsere Qualitätskontrollen unbedingt verbessern."

a) Es ist unklar, wie diese Zahl festgestellt wurde.

b) „Fehlerhaft" ist ungenau definiert, deswegen kann man die Qualität des Arguments nicht richtig einschätzen.

c) Das Verhältnis von fehlerhafter Ware zur Gesamtzahl der Produkte ist nicht genannt. Bei einer genügend großen Gesamtzahl sind 5687 fehlerhafte Produkte unter Umständen marginal. Deswegen kann man nicht einschätzen, wie hoch der Handlungsbedarf wirklich ist.

Lösungen

zu Übung 1:

Konklusion: Das Rauchen von Marihuana sollte nicht legalisiert werden.

Prämissen: Über die Langzeiteffekte von Marihuana ist zu wenig bekannt. Das Rauchen von Marihuana führt oft zum Gebrauch harter Drogen.

zu Übung 2:

Konklusion: Der menschliche Geist ist nicht mit dem menschlichen Gehirn identisch.

Prämissen: Der menschliche Körper, einschließlich Gehirn, ist ein materieller Gegenstand. Der menschliche Geist ist ein nicht-materieller Gegenstand. Nichts kann zugleich ein materieller und ein nicht-materieller Gegenstand sein.

zu Übung 3:

Antwort c. Ruth benutzt ein Nein-zur-Konsequenz-Argument. Wir können es auf folgende Weise rekonstruieren:

Wenn die Kirche nicht göttlichen Ursprungs wäre, dann wäre sie, wie jede andere Institution, die so viele korrupte Mitglieder hat, bereits seit Jahrhunderten zusammengebrochen.

Die Kirche aber ist nicht zusammengebrochen. (Es gibt etwas, was sie am Leben erhält.)

Daher: Die Kirche muss göttlichen Ursprungs sein.

zu den restlichen Übungen:

zu Übung 4: Antwort b

zu Übung 5: Antwort a

zu Übung 6: Antwort c

zu Übung 7: Antwort b

zu Übung 8: Antwort a

zu Übung 9: Antwort a

zu Übung 10: Antwort b

zu Übung 11: Antworten a und b

zu Übung 12: Antwort b

zu Übung 13: Antwort c (beste Antwort)

Stichwortverzeichnis

Bibliografische Information der Deutschen Nationalbibliothek
Die Deutsche Nationalbibliothek verzeichnet diese Publikation in der Deutschen National-
bibliografie; detaillierte bibliografische Daten sind im Internet über http://dnb.d-nb.de
abrufbar.

ISBN 978-3-648-01902-3
Bestell-Nr. 00373-0001

© 2011, Haufe-Lexware GmbH & Co. KG, Munzinger Straße 9, 79111 Freiburg
Redaktionsanschrift: Fraunhoferstraße 5, 82152 Planegg/München
Telefon: (089) 895 17-0
Telefax: (089) 895 17-290
www.haufe.de
online@haufe.de
Lektorat: Gisela Fichtl, 80993 München
Redaktion: Jürgen Fischer

Umschlaggestaltung: kienle gestaltet, Stuttgart
Umschlagentwurf: Agentur Buttgereit & Heidenreich, 45721 Haltern am See
DTP: Agentur: Satz & Zeichen, Karin Lochmann, 83071 Stephanskirchen
Druck: freiburger graphische betriebe, 79108 Freiburg

Haufe TaschenGuides
Kompakte Informationen zum kleinen Preis

⟹ Der Betrieb in Zahlen

- ABC des Finanz- und Rechnungswesens
- Balanced Scorecard
- Betriebswirtschaftliche Formeln
- Bilanzen
- BilMoG
- Buchführung
- Businessplan
- BWL Grundwissen
- BWL kompakt
- Controllinginstrumente
- Deckungsbeitragsrechnung
- Einnahmen-Überschussrechnung
- Finanz- und Liquiditätsplanung
- Formelsammlung Betriebswirtschaft
- Formelsammlung Wirtschaftsmathematik
- Die GmbH
- IFRS
- Kaufmännisches Rechnen
- Kennzahlen
- Kontieren und buchen
- Kostenrechnung
- Statistik
- VWL Grundwissen

⟹ Mitarbeiter führen

- Besprechungen
- Checkbuch für Führungskräfte
- Führungstechniken
- Die häufigsten Managementfehler
- Management
- Mitarbeitergespräche
- Moderation
- Motivation
- Neu als Chef
- Projektmanagement

- Qualitätsmanagement
- Spiele für Workshops und Seminare
- Teams führen
- Workshops
- Zielvereinbarungen und Jahresgespräche

⟹ Karriere

- Assessment Center
- Existenzgründung
- Gründungszuschuss
- Jobsuche und Bewerbung
- Vorstellungsgespräche

⟹ Geld und Specials

- Sichere Altersvorsorge
- Börse
- Energie sparen im Haushalt
- Energieausweis
- Geldanlage von A-Z
- Immobilien erwerben
- Immobilienfinanzierung
- Meine Ansprüche als Rentner
- Die neue Rechtschreibung
- Eher in Rente
- Web 2.0
- Zitate für Beruf und Karriere
- Zitate für besondere Anlässe

⟹ Persönliche Fähigkeiten

- Allgemeinwissen Schnelltest
- Ihre Ausstrahlung
- Burnout
- Business-Knigge
- Mit Druck richtig umgehen
- Emotionale Intelligenz
- Entscheidungen treffen

Die Autoren

Dr. Andreas Edmüller

ist Privatdozent für Philosophie an der LMU München. Seit 1991 ist er geschäftsführender Gesellschafter bei Projekt Philosophie mit den Arbeitsschwerpunkten Teamunterstützung, Konfliktmanagement und Coaching.

Dr. Thomas Wilhelm

ist als Berater für öffentliche Institutionen und internationale Unternehmen tätig. Schwerpunktmäßig beschäftigt er sich mit den Themen Argumentieren, Leadership und interkulturelle Zusammenarbeit. Er ist Gesellschafter der Untenehmensberatung Projekt Philosophie.
www.projekt-philosophie.de

Weiterführende Literatur

„Manipulationstechniken. So wehren Sie sich", von Andreas Edmüller und Thomas Wilhelm, 352 Seiten, Euro 14,95. ISBN 978-3-448-10124-9, Bestell-Nr. 00261

„Die Sprache der Macht. Wie man sie durchschaut. Wie man sie nutzt", von Matthias Nöllke, 208 Seiten, Euro 19,80. ISBN 978-3-448-10123-2, Bestell-Nr. 00260